アマゾン、ヨドバシ、アスクル……

最先端の物流戦略

PHP
Business Shinsho

Ryoichi Kakui
角井　亮一

PHPビジネス新書

アマゾン、ヨドバシ、アスクル……
最先端の物流戦略

目次

序章 なぜ今、他社の物流戦略を学ぶのか？

物流戦略とは、ビジネスモデルの構築と同義 10
御社の経営者は、物流の重要性を理解していますか？ 13
先手を打つ優良企業たち 16
物流で開いた「企業格差」 18
物流戦略が定まらないと何が起きるのか？ 20
意思統一に役立つ「物流戦略の４Ｃ」 23
ここを意識して読んでほしい 26

第1章 送料有料時代に負けない「ヨドバシカメラ」のビジネスモデル

「送料無料神話」の崩壊 30
業界3位、ヨドバシカメラの成長ポテンシャル 32
業界2位に肉薄するヨドバシカメラの「出店戦略」 34
ヨドバシカメラのここがすごい！① リアル店舗とECの一体化 37

ヨドバシカメラのここがすごい！② 顧客との接点を継続してつくる 41
ヨドバシカメラのここがすごい！③「エクストリーム便」 44
ヨドバシVS.アマゾン すごいサービスはどっち？ 47
売上高「1兆4000億円」を目指す、今後の展望 50

第2章 「ファーストリテイリング」は、なぜ物流会社を目指すのか？

「われわれは物流会社になる」——柳井氏による発言の真意 54
ムダな商品を「つくらない・運ばない・売らない」 56
世界の有名アパレル企業と渡り合うファーストリテイリング 61
アパレルの定説を覆した「ECへの道」 64
ファーストリテイリングにおける「店舗とECの融合」の歩み 68
実店舗の役割は、「買い物の場」から「情報発信の場へ」 73
転換点となった「有明プロジェクト」 74
アパレル業界が避けられないサステナブルへの対応 76

第3章 買い物の変化に翻弄される「アメリカ企業」

予想外の成長阻害要因に悩まされた「アマゾン」 82
D2Cだけでは立ち行かない? 85
アマゾンキラー「ショッピファイ」の誤算 88
投資リスクの少ない「物流の協業」を選ぶギャップ 90
アマゾンの猛追に焦る「ウォルマート」の戦略 93
どのようにして、「シーイン」は3兆円企業に急成長したのか? 102

第4章 人口減少時代の成長戦略「コープさっぽろ」と「セイコーマート」

「物流難」の環境が生んだ独自の進化 110
北海道のインフラ基盤「コープさっぽろ」の実力 111
「アマゾンにも負けない」コープさっぽろの強さ 116
コープさっぽろの「少子高齢化」生き残り戦略 119
地域密着型コンビニ「セイコーマート」が熱烈に支持される理由 123

セコマのここがすごい！① 都市部と遠隔地で配送を使い分け 133
セコマのここがすごい！② 驚異の「積載率8割以上」を維持 135
セコマのここがすごい！③ 自社グループ食品工場の運営 137

第5章 物流危機でも攻めの経営「アスクル」の勝算

市場拡大を狙う「アスクルが描く未来予想図」 140
20年で売上を4倍にしたアスクルの「ビジネスモデル」 142
創業者、岩田氏が考えた「物流ファースト」の原点 146
「オフィス用品のイメージ」から脱却する真の狙い 150
全顧客に送料負担を求めず、「送料無料の閾値」を設けよ 153
顧客が求めるのは、必ずしも「明日来る」ではない 156
「B2B」と「B2C」物流統合への挑戦 159

第6章 コロナ禍を乗り越え、進化し続ける「アマゾン」の物流

3000億円の赤字でも、すぐに回復する「収益力」 164

コロナ禍で、EC王者の勝ちパターンが変わった　166
オフライン進出の失敗とテクノロジーの進化　171
アマゾンの行動原理がわかる「3つの理念」　175
アマゾンの物流を支える「3つの戦略」　179
「最短距離の動線」で低コスト化を実現　184
「即配達」を実現する4ポイント　188

終章　実践「物流の4C分析」

企業によって、最適な物流戦略は異なる　200
御社の物流戦略を考えてみよう　201

序章　なぜ今、他社の物流戦略を学ぶのか？

物流戦略とは、ビジネスモデルの構築と同義

「働き方改革」という言葉が浸透し、多くの企業では労働環境が改善されています。

しかし、トラックドライバーの労働環境は、依然として長時間労働が続いています。労働力不足と働き手の高齢化、ＥＣ（ネット通販）市場の急成長による宅配数の増加などを補うために、トラックドライバーは長時間労働せざるを得ない現実があるからです。

誰かの犠牲の上に、我々の生活が成り立っている。こうした現状にメスを入れるべく、２０２４年4月から自動車運転業務の年間時間外労働時間に上限が設けられます。トラックドライバーの労働環境は改善され、物流業界はホワイトになる。めでたし、めでたし……、だったらいいのですが現実はそう甘くはありません。

これによって新たな問題が発生します。

たとえば、１日の輸送量が減ることで、物流に関わる事業者の売上や利益が減って

しまいます。トラックドライバーの収入も減ってしまいますから、運賃を上げなければなりません。燃料費の高騰、物価高もあり、輸送費コストの上昇は免れられないでしょう。また、同時に、賃金アップのため、倉庫内作業コストの上昇も免れません。

人手不足、ＥＣ市場の成長、労働時間規制、輸送費の高騰……、一般消費者のみならず、この波紋は製造業から小売り、飲食に至るまで、あらゆる業界・企業に広がります。

もっと言えば、働く人一人ひとりへの負担が増えるのです。

送料および倉庫作業料が上がり自社商品の価格も値上げせざるを得なくなれば、より付加価値の高い商品開発が必要です。また、商品を期日までに届けられなくなれば、これまでよりも余裕をもったスケジュールで仕事を進めなければならないでしょう。

今や、物流は経営者やその仕事に携《たずさ》わる人だけの問題ではありません。日本で働く誰もが他人事ではいられないのです。

かといって、物流問題は個人の工夫でなんとかできるレベルの話ではありません。

やはり企業努力が欠かせないのです。

今後、物流難が原因で苦境に立たされる企業と、それでも気を吐く企業との格差が開いていくでしょう。

両者にはどんな違いがあるのか？　それは、「物流戦略の有無」です。

物価高や人手不足でも、高収益を生む企業の強さの秘密は、ビジネスモデルにあります。

そして、ビジネスモデルには物流戦略が深く関係してきます。

ですから、ロジスティクス（物流体制）を強化し、サプライチェーン（製品の原材料・部品の調達から販売に至るまでの一連の流れ）を整備して新しいビジネスを確立している企業の事例を学ぶことは、自社の「次の一手」を考えるヒントとなります。

自社のビジネスモデルに合わせた物流戦略を立てることで、ビジネスを効率的に拡大できるでしょう。

そこで、多くの人が知らない、アマゾンやヨドバシ、アスクルなどといった「最先端の物流戦略」を構築している企業の取り組みを知る必要があるのです。

御社の経営者は、物流の重要性を理解していますか？

私は、取締役会長を務める株式会社イー・ロジットの物流コンサルタントとして多くの企業の課題を解決しています。同時に、２００社の会員企業を中心として物流人材教育研修「イー・ロジット（物流戦略）クラブ」を主宰しています。

物流コンサルタントとして活動するだけでなく、教育にも力を入れているのは、筆者の個人ミッション（または個人パーパス）に、「多くの人に、物流の重要さを知ってもらい、物流に力を入れる企業を増やす」という目標を設定しているからです。

ですから、一人でも多くの人に物流について知ってもらおうと、執筆を続けています。本作で41冊です。

大学生や大学院生が集まる場所では、無料でも講義を行います。最近では、早稲田大学大学院（ＷＢＳ）、グロービス経営大学院、多摩大学大学院、流通科学大学の生徒に向けてお話ししました。

先にご説明した通り、物流はすべての働く人に関わる問題なので、いまの物流業界に関心のある方々は元より、パートタイマーの方や新入社員など、さまざまな読者に手に取っていただきたいと思います。

ただ、中でも経営者、新規事業担当者や事業責任者、経営企画室担当者など、企業活動の中枢に携わる方々に本書を熟読いただきたいと考えています。

なぜなら、物流の重要性を理解しているか、物流の戦略があるかどうかが、企業における収益力・競争力の明暗を分けるからです。

御社の経営者は、物流の重要性を理解しているでしょうか?

かといって、物流にどう取り組めばいいのかわからない、という悩みも少なくないでしょう。実際に、フェイスブックやX(旧ツイッター)などのSNSを通じて、経営者からこうした相談を受けることが増えました。

そこで、「経営者が読んで物流を学べる1冊」を書こうと思い至りました。企業の事例だけでなく、後で解説する「物流戦略の4C」という他社の物流戦略を分析し、自社の物流戦略の応用に役立つフレームワークも紹介したい。これによって、企業内での物流戦略の立案がスムーズになり、また戦略の徹底がスムーズになる……。

そんなことを考えていた折に、ＰＨＰ研究所さんからラブコールをいただき、２０１８年に『すごい物流戦略』（ＰＨＰビジネス新書）を執筆しました。

実は、本書はその続編という位置づけで企画がスタートしました。

話が脱線しますが、前作では世界一周チケットを取得して取材してきました。

ＤＨＬの本国のドイツまで行き、数時間役員の方が時間を取ってくださり、わかりやすく、彼らの戦略を過去から未来まで語っていただきました。夜は、ビアホールに行き、美味しいドイツビールを飲んだのは、懐かしい思い出です。

ドイツの後にスペインの小さな街に飛びました。それは、ザラ（ＺＡＲＡ）を擁《よう》するインディテックス（Inditex）の本社があるラ・コルーニャという美しい街でした。ホテル到着後、小雨の中、10㎞ほどランニングをし、最後は雨上がりの大西洋沿いのラ・コルーニャの白い壁の街を見て、感動したのを覚えています。インディテックスでは、本社をくまなく見せていただき、物流センターに訪問しました。

そして、ニューヨークとサンフランシスコで店舗視察をしました。ニューヨークはシェアサイクルで回り、ウォールストリートのあるファイナンシャル・ディストリクトから、セントラルパークの北端まで、50㎞は自転車で走ったのではないでしょうか。本当にたくさんのリテールストアを見ました。

また、ラスベガスの流通系カンファレンス出席で、全米でも有数の大手百貨店ノードストロームの創業家や、アマゾンの本社役員の方などの話を聞きました。

そうした経緯を経て、書き上げた『すごい物流戦略』の続編では、日本企業と米国企業にフォーカスして書いています。今回は、北海道の流通企業を2社フォーカスし、北海道には、幾度かお邪魔させていただきました。

先手を打つ優良企業たち

随分前から、物流の重要性を理解していて、会社も成長している優良企業は、多くあります。みなさんがよくご存じな会社は、アマゾンではないでしょうか？

創業者兼CEOのジェフ・ベゾスが、「アマゾンはロジスティクス・カンパニーだ」と語ったエピソードを知っている人も多いでしょうし、自ら宅配網を作っているので、大手宅配会社ではない配達員さんによって自宅に届けられる人も多いでしょう。

また、ユニクロ創業者の柳井正氏（ファーストリテイリング代表取締役会長兼社長）は、「物流会社になる」と社内会議で強く訴えました。

今や、自動化設備で世界でも大手のダイフクと戦略的パートナーシップを結び、ロボティクスを活用した物流センターを世界中に作ろうとしています。ECでの宅配に関しても、大手宅配会社を使う比率が低下しています。

本書では取り上げていませんが、トラスコ中山の中山哲也社長には、私がイー・ロジットを2000年に創業する前から、物流の重要性についてご指南いただきました。実際に、トラスコ中山の物流センターは、土地取得から設備投資まで、自社で行っていますし、新卒は全員必ず物流センター勤務からスタートさせるそうです。

世界最大の小売業のウォルマート（Walmart）では、歴代の多くのＣＥＯは、物流出身者です。現ＣＥＯのダグ・マクミロンも、キャリアの最初は物流センターからでした。ＣＥＯとしての初日の仕事は、トラック運転手の横に同乗して、店舗を回ることだったそうです。

このような物流の重要性を理解する優良企業は長きに渡り、物流への投資を積み重ねてきました。しかも少額ではなく、大きな投資を重ねてきたのです。

アマゾンにいたっては２０２２年、１・２兆円の投資をしたと言われています。

物流で開いた「企業格差」

記憶に新しいコロナ禍《か》において、成長できた会社と成長できなかった会社がありま す。それは、物流機能が充実していた会社とそうでなかった会社です。事前に、物流への投資ができていた会社は、業績を伸ばすことができました。

たとえば、飲食業。デリバリー車両を持って、デリバリーを行っていた会社は、コロナ禍に入り、大きく伸びました。

みなさんも、マクドナルドやケンタッキーフライドチキン、すかいらーくグループが伸びたのはご存じでしょう。コロナ禍のイー・ロジットセミナーでも、この3社のデリバリーについて話しました。

改善やそれに伴う投資もあり、キャパオーバーの苦労もあったと思いますが、結果、コロナ禍において大きく売上を上げることに成功しました。

また、ウーバー・イーツ（Uber Eats）などの他社サービスを使わない分、利益も大きく獲得できたそうです。

デリバリーだけの数字を唯一出している「すかいらーく」でのデリバリー売上は、2019年度（12月期）231億円（前年比＋7・4％）、2020年度（12月期）で332億円（前年比＋39％）、2021年は409億円（前年比＋23・1％）と大きく、コロナ禍で伸びています。2021年度（1―12月）は、2019年度の1・77倍でした。

また、店舗販売を主力にしていた百貨店は、コロナ禍に入り、大変苦労しました。

一方、通販に力を入れていたユニクロなどは、売上こそは落ちましたが、独自の商品コードなどでＥＣ推進に苦労していた百貨店と比べれば傷は浅いものでした。

ファーストリテイリングの２０１９年８月期決算連結２兆２９０５億円以降は、翌年の２０２０年８月期が最も悪いのですが、２兆88億円と、▲12・３％です。

一方、代表的な百貨店である三越伊勢丹ホールディングスは、２０２０年３月期決算連結１兆１１９１億９１００万円に対し、以降最も落ち込んだのが、２０２２年３月期決算連結４１８３億３８００万円と、▲62・６％です。

いまはインバウンドで調子がいい百貨店ですが、将来への投資でＥＣを１つの柱に作り上げないと、将来の消費者行動の変化で、また苦しい立場になる可能性が高いことは言うまでもありません。

オムニチャネル[1]は、まさに物流インフラ整備への投資で、勝負が決まります。飲食も小売も、見誤らないようにしないといけません。

物流戦略が定まらないと何が起きるのか？

自社の物流戦略が明確になっている企業は少ないのではないでしょうか？投資計画はあっても、どういう方針で物流を展開していくのかが現場の隅々にまで行き渡っている会社は少ないと、過去の経験から思います。

たとえば、運送会社を決めるときに、安いという理由だけで決めてしまっていることもあるのではないでしょうか。特に日々使う通常の運送会社がNGの場合、突発的な需要で使うのは、「安いから」という理由がほとんどだと思います。

安い会社を選ぶのは、必ずしも悪くはありません。筆者が言いたいのは、自社の方針として、どんな運送会社を使うか、現場の隅々まで徹底していますか？　会社方針でなく、個人の感覚で決めていることはありませんか？　ということです。

自社の経営戦略があって、それにぶら下がる、販売戦略、財務戦略などがあります。当然、その並びには物流戦略があります。

その物流戦略は、販売戦略より下ということはありえません。場合によっては、販

【1】実店舗やアプリ、ECサイトなど、顧客とのさまざまな接点（チャネル）において、最適な購買体験を提供する販売戦略。

売戦略よりも上位に来ることもあります。

営業店舗を出すエリアを決めるのは、物流部門だという会社もあります。なぜなら、物流拠点が整備されたエリアでないと、欠品だらけ、鮮度が良い商品が少ない店舗になるからです。

工場立地を決めるのも、物流部門だという会社もあります。なぜなら、取引先に効率的に納品できるロケーションでないと、受注締め切り間際で問題が起こるからです。


物流のことをなかなか理解できない経営者が率《ひき》いる会社は、物流だけでなく、オペレーション全体の効率が悪かったり、販売力の弱い会社になります。逆も然《しか》りです。たとえば、コンビニチェーン店。セブン-イレブンが、全チェーン店の中で一番物流について考え、優先しています。どんなにいい立地の店舗を店舗開発部門が見つけてきても、物流部門がノーと言えば出店できません。彼らの日販（1日の売上）は、他のどのチェーン店より高いことはよくご存じでしょう。

経営戦略に沿った物流戦略や、経営方針における物流戦略の位置付けや、物流方針の考え方を浸透させることは重要なことなのですが、ほとんどの企業では、物流だけ、他の戦略と切り離されているような状況になっていることが多いのです。

これは、物流のことを理解する経営陣が少ないからだと思います。

だからといって、何もしないのは得策ではありません。

そこで、筆者が考案したのが、「物流戦略の４Ｃ」です。

意思統一に役立つ「物流戦略の４Ｃ」

マーケティングの分野では、マーケティングの４Ｐなどフレームワークがあるので、初歩的な学習や他社研究がしやすくなっています。また、自社の方針を決める際にも、そのテンプレートでまとめることにより、そつのないドキュメントが完成し、部門および他部門に対して、コンセプトを明確に伝えることできます。

一方、物流には、こういったテンプレートやフレームワークがないため、他部門のみならず、自部門のメンバーにすら、よく理解されずにいたり、社内の意思統一がされていませんでした。

それを解消するために、筆者が日本のみならず、世界でも使えるよう考案したのが「物流戦略の4C」です。

4Cの Cは、以下の通りです。

Convenience：利便性、価値提供
Constraint of time：制約時間、リードタイム（注文を受けてから届けるまでの時間）
Combination of method：手段の組み合わせ
Cost：コスト、予算

このフレームワークを、社内でワークとして実施する際の手順は以下のようになります。次ページの図をご覧ください。

まず、下図の上段を埋めます。上図左側は、物流戦略のパートです。経営戦略に沿った自社の物流の価値提供や制約時間について、じっくり考えてください。社内のさまざまな部署の人たちでディスカッションするのをオススメします。

次に、下図の下段を埋めます。上図の右側は、物流ネットワーク戦略のパートで

物流戦略の4Cフレームワーク

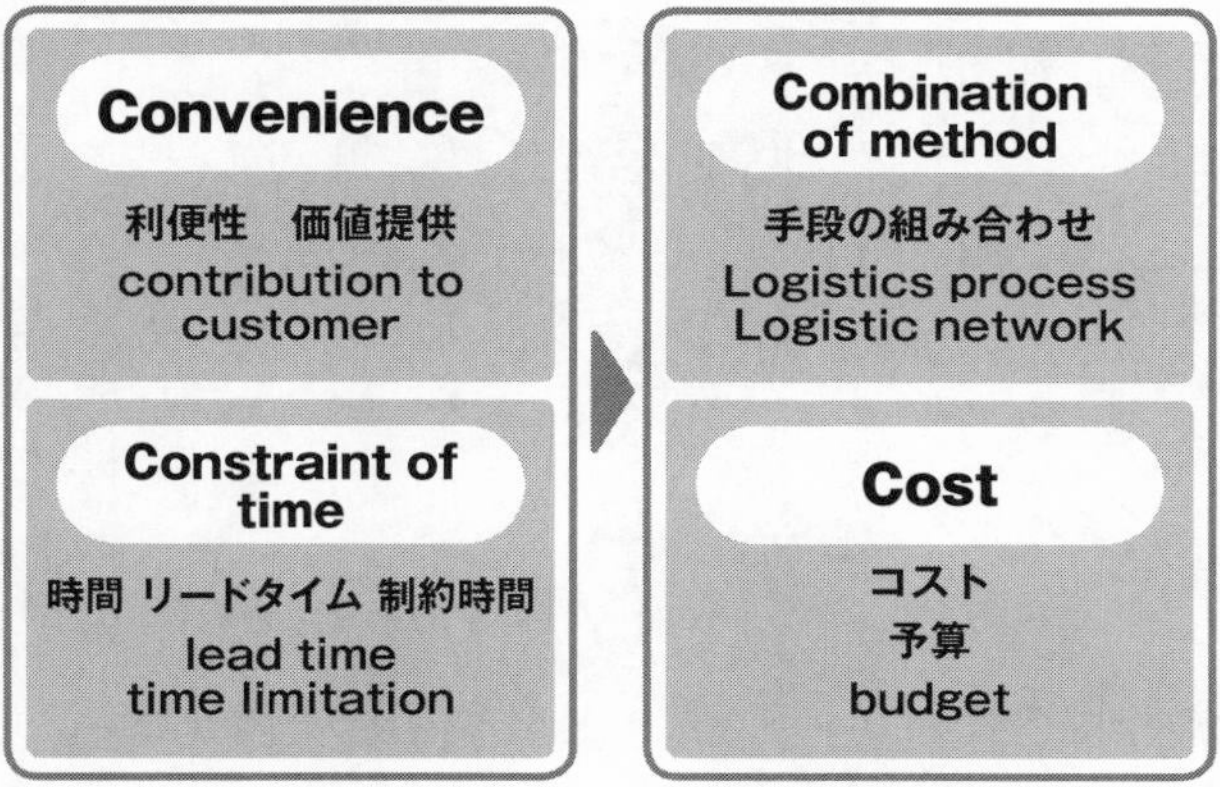

企業分析のための4Cフレームワーク

Company:

1	Convenience 利便性　価値提供	
2	Constraint of time 時間　リードタイム	
3	Combination of method 手段の組み合わせ	
4	Cost コスト　予算	

す。下段の物流戦略を実現するには、どんな物流拠点、どんな配送ネットワークが良いのか、コストの優先順位はどうなのかを考えます。

いろんな会社で、この4Cのワークを行いましたが、実施した後の参加者様の感想は、「自分は勘違いしていた」とか「より明確になった」というものばかりでした。

他社の後追いをしていたが、経営戦略が違うから、同じことではいけなかったんだという感想は、とても印象的でした。

ここを意識して読んでほしい

本書は、企業のケーススタディを通じて物流戦略を学んでもらう本です。

それぞれのケースは、あなたの業界とは違うかもしれません。しかし、違うからといって、読み飛ばしたり、浅く読んだりするのは、あなたの知恵を増やす機会を失います。「他山の石」ということわざがあるように、しっかり読んでほしいと思います。

当社が運営する通年研修プログラムのイー・ロジットクラブに参加する人には、必ず3つのことをお願いしています。「学びMAS」と言い、メモを取って、アンテナ

学びを最大にする3カ条

学びます！　ManabiMASu！

1 Memo **メモ**をとる！

2 Antenna **アンテナ**を立てる！

3 Share 学びを**シェア**する！

を立てて、学びをシェアするということです。簡単なことですが、これがしっかりできれば、より深い学びを得ることができます。

メモを取らないと、忘れたり、復習に時間がかかりますから、本を読むときには、ペンを持って、線を引いたりメモをしたりしてください。

読み終えたら、線を引いたところやメモを読み返してください。記憶に定着しますし、考えも整理できます。

次に、自分事として捉えて、読んでください。他人事だと頭に入りません。

どうしても入らないのであれば、他の部署の人のことや、高校・大学の同級生や飲み仲間のことを考えて、あとで教えてあげようと思いながら読んでください。

最後に、学んだことを、自分の言葉で、伝えてください。

一番いいのは、朝礼や会食のときです。勉強していることを周りが知れば感心されますし、いい情報提供になり、相手から感謝されます。「自分の言葉で」というのが大事です。また、72時間ルールと言って、72時間以内に伝えることで、自分の中での定着がより進みます。


では、第1章の「ヨドバシカメラ」の物流戦略、ぜひお楽しみください。

第1章

送料有料時代に負けない「ヨドバシカメラ」のビジネスモデル

「送料無料神話」の崩壊

ECにおける「送料無料」のビジネスモデルが崩れつつあります。

いまや企業も消費者も「サステナブル（持続可能性）」を考慮しなければならない時代。物流の世界――ECにおける買い物も例外ではないのです。

そうした流れの中、政府主催の「我が国の物流の革新に関する関係閣僚会議」では、「物流革新に向けた政策パッケージ」にて、以下の取り決めがなされました。

運賃・料金が消費者向けの送料に適正に転嫁・反映されるべきという観点から、「送料無料」表示の見直しに取り組む。

しかし、サステナブルと「送料無料」表示の見直しが、どう関係するのでしょうか？　実は、送料無料表示が次のように連鎖して物流崩壊を引き起こす可能性が指摘されています。

送料無料となれば、消費者は配送に関わる人たちへの負荷を考慮せず、気軽に再配達を依頼する。そうした負担が配達業者に蓄積されて物流業界が疲弊し、最終的にはＥＣのみならず、あらゆる業界の持続可能性にも悪影響を与える――。

一定額以上の購入であれば「送料無料」と謳《うた》っていた企業も、「送料当社負担」「送料割引」といった表記に改める動きが出てきています。

とはいえ、送料無料はネット通販を利用する消費者にとって「魔法の言葉」。その表示の有無によって、購買の明暗が分かれるところです。これまで「送料無料」を武器に儲けてきた企業にとってはジレンマでしょう。

そうした流れに負けず、「日本全国送料無料」の看板を掲げ続けるのが、家電量販大手、ヨドバシカメラが運営する「ヨドバシ・ドット・コム」の「ヨドバシエクストリームサービス便（以下、エクストリーム便）」です。自社による配送を中心に、自らのコストで顧客に商品を届けています。

このヨドバシ・ドット・コムの強みは「送料無料」だけではありません。最短、即日数時間以内という、そのスピードです。

こうしたビジネスモデルを可能にしている、「ヨドバシ・ドット・コム」の強みとは、いったい何なのでしょうか？

業界3位、ヨドバシカメラの成長ポテンシャル

ヨドバシカメラは、都市圏の主要ターミナル駅近くに大型店舗を展開しています。東京でいえば新宿、秋葉原。大阪・梅田のマルチメディア梅田は売上1000億円を超える同社最大規模の店舗です。コロナ禍に入ってからも、山梨・甲府、宮城・仙台に地域最大級の店舗を開業しています。

図1-1をご覧ください。家電量販店業界では、ヤマダデンキのヤマダホールディングスが圧倒的な売上規模ですが、ヨドバシカメラはそれに続く売上高7000億円台の第2グループの一角を占めています。

売上規模だけで見れば第3位ですが、経常利益は業界首位のヤマダホールディングスに迫る勢いで、経常利益率は6・5％もあります。薄利が常識の家電量販店業界の中で比較すると、相当に高い利益体質といえるでしょう。

図1-1 家電業界の売上・利益ランキング

	売上(億円)	経常利益(億円)	経常利益率	EC売上(億円)
ヤマダホールディングス(202303期)	16,005	500	3.1%	1,445
ビックカメラ連結(202208期)	7,923	208	2.6%	1,564
ヨドバシカメラ(202203期)	7,530	495	6.5%	2,136
ケーズホールディングス(202303期)	7,373	352	4.8%	
エディオン(202303期)	7,205	192	2.7%	200-300
ノジマ(202303期)	6,261	362	5.7%	530
上新電機(202303期)	4,084	837	2.0%	755

※EC売上、エディオンと上新電機以外は『月刊ネット販売』2022年10月号「第22回ネット販売白書」より引用

また、ヨドバシ・ドット・コムによるEC売上は、総売上の3割近い2136億円。売上1位のヤマダホールディングスと2位のビックカメラを大きく引き離しています。

最近、ヨドバシカメラは西武池袋本店への出店計画をめぐって話題を集めました。

結局、同社は、2023年9月にセブン&アイ・ホールディングスから米国投資会社フォートレス・インベストメント・グループに売却されたそごう・西武から、西武池袋本店、そごう千葉店の土地・建物の一部を購入。

これにより、西武池袋本店、そごう千

薬店への出店が実現に近づき、また西武渋谷店への出店も現実味が帯びていると言われています。

業界2位に肉薄するヨドバシカメラの「出店戦略」

ヨドバシカメラの池袋出店で戦々恐々《せんせんきょうきょう》としているのが、池袋を本拠地に旗艦店《きかんてん》を構えるビックカメラです。

池袋には、以前にも現ヤマダデンキ（当時はヤマダ電機）が三越池袋店跡に出店していますが、駅から少し離れた場所にあったため、ビックカメラの圧勝でした。

しかし、池袋駅に直結の西武池袋本店への出店となれば状況は変わります。

もともと、業界2位のビックカメラと業界3位のヨドバシカメラは、両者共にターミナル駅を中心に出店し、鎬《しのぎ》を削っています。

ただし、出店立地が似た両者でも、出店形態や資金力には明確な違いがあります。

ヨドバシカメラは、百貨店クラスの売場面積に家電量販店を核とした複合商業施設として組成《そせい》することを得意としています。大きな資金を必要としますが、駅近至便《えきちかしべん》に加え、同社自身、強い集客力がありますから、有力なテナントも入りやすい環境にあります。ここ最近の開発物件（リニューアル含む）には、破竹の勢いで拡大を続ける食品スーパーのロピアの出店が目立っています。

一方、ビックカメラの場合は、テナントとしての出店。大きな資金は必要としませんが、家賃上昇のリスクがあります。

資金力については、ヨドバシカメラは、2002年に大阪・梅田の敷地（現リンクス梅田）を1010億円で落札し、借入なしの現金で支払ったと言われており、手元資金は潤沢にあります。それに対し、ビックカメラは有利子負債が資産の3割近く（約29%）を占めるなど、借入への比重が大きくなっています。

また、顧客満足度についても、ヨドバシカメラはビックカメラを上回っています。サービス産業を対象にした日本最大級の顧客満足度調査として知られる「JCSI（Japanese Customer Satisfaction Index：日本版顧客満足度指数）調査」において、ヨドバシカメラは13年連続して家電量販店部門のNo.1。ビックカメラは22年度調査では第

2位でした。

筆者の個人的な体験になりますが、ヨドバシカメラの販売スタッフは専門知識が豊富で、価格以外のことも、いろいろと教えてくれます。そのため、少し値の張るものを買うときは必ず店舗に足を運び、説明を聞いて購入を決めるようにしています。


現時点（2024年1月）で、西武池袋本店へのヨドバシカメラの出店計画は正式に明らかにされていません。しかし、どのような出店になっても、売上1000億円レベルは確実と言われており、仮にビックカメラの池袋本店が売上を落とさないとしても、ヨドバシカメラが家電量販店2位となる可能性は大きいでしょう。

ヨドバシカメラの現社長である藤沢和則氏は、まだまだ出店空白地があると話しています。そうした立地への出店を見込んでいることもあってか、EC売上、店頭売上、ともに今後のさらなる拡大を目指しており、EC売上は現在の3倍以上の7000億円を計画しているようだという話が漏れ聞こえています。

将来的なEC売上比率は5割を目指すことも伝わってきており、計画通り進めば、売上高1兆4000億円という規模になります。

ヨドバシカメラのここがすごい！① リアル店舗とECの一体化

今後、さらなる急拡大を目指すと言われるヨドバシ・ドット・コム。そのポテンシャルは、どのような取り組みに起因するのでしょうか？

１つは、いち早く「ＢＯＰＩＳ」（ボピス Buy Online Pick-up in Store）を始めたことです。ＢＯＰＩＳとは、ＥＣで購入した商品を店舗で受け取れる仕組みです。その立ち上がりは20年以上前にさかのぼります。

Windows95がリリースされ、企業の各部門において、ようやくパソコンやインターネットが日常的に使われ始めた１９９８年7月、ヨドバシカメラのＥＣ「Yodobashi.co.jp」がオープンしました。２０００年5月に「ヨドバシ・ドット・コム」に名称を変更。ちなみにアマゾンの日本市場上陸は、同じ年の11月でした。

２００３年にはＥＣ注文の店頭取り置きサービスを開始します。ＢＯＰＩＳという名称が広がる前から取り組んでいたのです。

しかし、ＥＣの黎明《れいめい》期にあったこの頃、特に家電量販店ではＥＣとの相性の悪さが指摘されていました。店舗で実物を見てから、ネットで注文する。当時、ショールーミングと言われた買い物行動です。

しかも、同じ社内でのショールーミングであっても、「ECの売上が上がれば、店舗の売上が下がる」と考えられたことから、店舗とECは自社競争の関係にあると考えられていました。

世の中がそうした風潮の中、ヨドバシカメラでは、いち早くBOPISをスタートさせていました。

この背景には、2つの大きな要因があります。

1つは、ECと店舗のどちらの売上が高くても、社内評価に差をつけなかったこと。

店舗で売っても、ECで売っても、顧客にとっての便利な場所で、当社から買い物をしてくれることに変わりはない。ECと店舗、どちらが売ったか、どちらの実績になるかは社内評価の対象ではない——。

この考えが社内に周知されていた結果、店舗スタッフとEC担当者が顧客を奪い合う不毛な争いをせずに済んだのではないかと推察されます。

現在のオムニチャネルに近い発想ですが、当時はまだ「オムニチャネル」というトレンドワードが生まれる前のことでもあり、藤沢氏（当時副社長）は「チャネルレス」（店舗やEC、どこで買っても、顧客の利用価値は変わらない）と、拙著『オムニチャネル戦略』（日経文庫）執筆にあたってインタビューした際、言っておられました。

もう1つが、精緻な在庫管理の存在です。ヨドバシカメラでは1988年から在庫管理システムを導入しています。

当時、流通小売業界では、「○○の商品が倉庫にいくつあり、店舗にいくつある」といった程度の在庫管理が主流でした。一方、同社では「店頭在庫」「倉庫からの移動中の在庫（＝配送トラックにある）」「倉庫内在庫」「店頭取り置き用在庫」の区分で、ほぼリアルタイムに近い状態で管理していたそうです。

この2つが整っていなければ、BOPISを実現しようにもできなかったと考えられます。2010年には店頭とECでの販売価格を統一します。

その当時、筆者は「在庫一元化」「価格の統一」「店員教育」の3つがオムニチャネルの3条件だと訴えており、先の『オムニチャネル戦略』執筆時のインタビューで、藤沢氏が「価格の統一が重要だ」と身を乗り出してきた姿が印象的でした。

藤沢氏が価格の統一を進めようとしたところ、社内からは「EC上で店頭価格がわかってしまうと、（顧客が来店しなくとも、他店の店頭価格との比較ができるため）店舗への来店に影響が出る」と強い反発があったそうです。

しかしながら、同社では2007年から店内に高速通信が可能な環境を提供しておりました。そこで藤沢氏は、店頭でEC価格を調べたときに、両者の価格に違いがあっては、顧客の混乱を招く可能性があること、さらに「顧客の立場で、どちらが買いやすいか」を社内に説得して回り、統一を図りました。その苦労があったから、インタビュー時に身を乗り出してこられたのだと思いました。

2014年に、EC注文の店頭受取の24時間対応を一部店舗で開始。2017年には店頭受取専用店舗を開設しました。

こうしてみると、ヨドバシ・ドット・コムは入り口こそECですが、リアル店舗も活用してきた素地があり、「リアル店舗とECは一体のもの」であるという考え方の下、運営されてきたことがわかると思います。

ヨドバシカメラのここがすごい！②　顧客との接点を継続してつくる

次は、「楽しくない買い物も、あえて重視している」ことです。

いったいどういうことか、ヨドバシ・ドット・コムの品揃えから紐解いてみたいと思います。

１９９８年、オープン間もない頃のヨドバシ・ドット・コムの品揃えは３００〜４００アイテムでした。それから取扱いカテゴリーおよびアイテム数の拡大を図り、２００８年８月時点で約８万アイテム、２０１２年３月には約83万５０００アイテム、２０１８年６月時に約５５０万アイテム、２０２３年１月時点では８０００万アイテム以上を取り扱っています。

カテゴリーの拡大に関しては、２０１３年にコミックの取扱いを開始し、２０１８年に酒類販売をスタート。翌２０１９年には薬剤師による服薬指導が必要になる第一類医薬品、ＩＣＩ石井スポーツ、およびその子会社アート・スポーツの買収によりスキー・登山用品を中心としたアウトドア関連用品、ランニング・トレイルランニング・フィットネス用品を追加しました。

いまのところ生鮮（青果、精肉、鮮魚）の扱いこそありませんが、食品、日用品など、購買頻度の高いカテゴリーの品揃えを増やしているように感じられます。1本100円程度のボールペン、100円にもならない電球もあります。

なぜ、どこでも手に入るような、低価格帯の商品も増やしているのでしょう。

もともとヨドバシ・ドット・コムは、家電やパソコンなど、高単価な商品がメインでした。しかし、一度購入すれば5〜6年は買う必要がありません。これは、数年間、顧客との関係性が希薄になることを意味しています。これでは、次の家電やパソコンの買い替え時に、購入先としてヨドバシ・ドット・コム（あるいはヨドバシカメラ店舗）を検討してもらえるかどうか、わかりません。

その顧客接点の空白期間をなくし、日常的な顧客接点を維持するために（＝何かを購入する際に、最初に思い出してもらうため）、価格は安いが購買頻度の高い商品群を増やしていると考えられます。

わざわざ店舗まで足を運ばなくとも、いつでも、家に居ながら買い物ができるネット通販が身近な存在になり、生活者自身が「楽しい買い物」と「楽しくない買い物」を強く意識するようになりました。

楽しい買い物とは、「買い物をしている時間」が幸せに感じられるもの、つまり「モノを手に入れる」ことより「時間消費」に価値を感じる買い物のことです。趣味にまつわる買い物はもちろん、ウインドウショッピングや店舗スタッフとの会話が楽しめるお店での買い物もそうでしょう。

無機質な店舗の多いＥＣでも、楽天市場のように店長の個性が魅力になっているところもありますし、活気のあった頃の百貨店や専門店での買い物は間違いなく、楽しい買い物でした。

一方、楽しくない買い物は、とにかく目的の商品が手に入ればよいというもの。そのために時間をかけたくない、できるだけ合理的にすませたい、と多くの人が考えるような買い物です。

ヨドバシ・ドット・コムでは、この〝楽しくない買い物〟にあたる品揃えを拡大し、加えて、日本全国どこでも送料無料のサービスにより、日常の利用を促し、次回の大物家電の購入につなげようとしています。

ヨドバシカメラの担当者の方も「ボールペン1本でも、電球1個でも、遠慮せずに利用してください」と、常々話しており、また、社員（契約、派遣を含む）が中心の配達スタッフも、どんな小さな荷物であっても、笑顔で届けてくれる印象です。

ヨドバシカメラのここがすごい！③「エクストリーム便」

特に注目したいのが、最後の配達サービス。送料無料、しかも、最短・即日数時間以内のスピードを誇る「エクストリーム便」です。

無料動画サイトを通じて、そのイメージ動画が「ヨドバシエクストリーム（Yodobashi Xtreme: Delivery）」として配信されていますが、ドローンやスケートボード、トレイルランニング、パルクールなどの映像を題材にした動画により、その配達のスピード感を強く打ち出しています。

いまから10年ほど前、アマゾンが受注から最短1時間で配達するサービスを開始すると、楽天やヤフーなど大手が追随するサービスをスタートさせましたが、現在もスピード配達を武器にしているところは、ヨドバシ・ドット・コム以外には見当たりません。

ほとんどのサービスが、アマゾンへの対抗意識から実施する中、同社の場合、「なぜ、スピードを優先するのか」という根拠が明確にありました。

当時、副社長だった藤沢氏は、エクスプレスメール便（現在のエクストリームサービス）を提供する狙いを次のように答えています。

「即日配送をすると配送会社に大きな負担がかかると言われますが、商品の受注後、早く届ければ、受け取ってもらえる確率が高い。商品を在庫として保管したり、再配達したりするコストを考えれば、即日配送でもメリットが出せる。店舗在庫の活用や、ピッキング、梱包などのオペレーションの効率化を図れば、トータルコストも抑えられます」

2024年問題やドライバーの確保が厳しくなっている現在は少し状況が異なるか

もしれませんが、同社の物流は「受注後、5分で商品のピッキング完了、30分以内での出荷が可能」なレベルにあり、それにより「自社社員による最短2時間30分での配送」および、「最短30分以内での店頭受取」が実現されました。

また、自社社員による配送にもこだわりがあります。

「いくら即日に届くとしても、配達員の対応が悪いと、お客様は寂しい思いをするでしょう。お客様に、注文から手元に届くまでのすべての過程において、満足していただくことが大事」

と藤沢社長は語っています。

配達予定時刻が事前に1分単位の正確さでメール連絡されることや、梱包ひとつとっても、開梱しやすいように点線で切れ目が入っており、かつ、その開梱の手順がイラストで記してあるなど、顧客を大事にしていることがよくわかります。

ヨドバシVS.アマゾン　すごいサービスはどっち？

ヨドバシ・ドット・コムの配送サービスをアマゾンと比較したものが図１‒２になります。

アマゾンの場合、無料会員の場合、配送料は注文金額２０００円未満の購入は有料、配送オプション（お急ぎ便、お届け日時指定便など）も有料。プライム会員は、２０２３年８月から年会費（５９００円）、月会費（６００円）ともに値上げされましたが、配送料、配送オプションは無料。店頭受取については、自社店舗がないため、コンビニ受取など以外は、無料会員、プライム会員ともにできません。

それに対し、ヨドバシ・ドット・コムの場合、会員（登録料無料）、非会員ともに、配送料無料、配送オプションは基本無料、店舗受け取りは一部店舗で可能（24時間対応店舗あり）となっています。

アマゾンプライム会員には、プライムビデオ、プライムミュージックなどの付帯サービスが利用できるというメリットがありますが、ヨドバシ・ドット・コムの配送サ

図1-2 ヨドバシ・ドット・コムとアマゾン配送サービス比較

	ヨドバシ		Amazon	
会員種別	ドットコム非会員	ドットコム会員	Prime非会員	Prime会員
年会費登録料	無料	無料	無料	5,900円
配送料	無料	無料	2,000円未満購入時有料	無料
配送オプション	日時指定無料 配送会社指定有料		日時指定 お急ぎ便 共に有料	無料
店舗受け取り	一部店舗で可能	一部店舗で可能	コンビニ受取など以外不可	

ービス無料のメリットはけっして小さくはありません。

ヨドバシカメラではヨドバシ・ドット・コムの事業拡大に合わせて、物流センター（同社ではアッセンブリーセンター［AC］と呼んでいます）の拠点の規模を拡大しています。

現在、主要配送拠点として、ヨドバシアッセンブリーセンター川崎（神奈川県）、ヨドバシアッセンブリーセンター江東（東京都）、ヨドバシアッセンブリーセンター六甲（兵庫県）を中心にしながら、各地にある大型店も活用しています。

このうち最大規模となるＡＣ川崎は１９８８年に羽田空港近くに開設されました。東京都側の羽田空港第３ターミナル駅から徒歩で行けるところにあり、スタッフの採用にも適した場所です。

２０１７年に増設され、延べ床面積約25万㎡近くまで拡張、さらに２０２４年９月の竣工予定で、新たな物流施設の増設工事もスタートしています。新たな物流センターでは、自動梱包機やロボット倉庫を導入するなど、省人化も進めています。

いまはまだ、東京、大阪などの大都市以外では、配達完了までに２日以上かかる場合があるようですが、新たにＡＣを開設し、個数ベースでの処理能力を２〜３倍に引き上げ、沖縄を除くほぼ全国で翌日配達の実現を目指しています。

同社では、当面の計画としてＥＣ売上を現在の３倍以上、ＥＣ比率50％を目指していると言われています。

２０２２年には、その実現のための大きな動きを見せています。

その１つが、システム開発会社との資本業務提携です。

２０２２年５月、オープンソースの技術とアジャイル開発（システムを稼働させることを優先し、動かしながらチューンアップしていく手法）を得意とする、クリエーションラインとパートナーシップ締結を発表しました。

その際、社長の藤沢氏は次のような主旨のコメントを出しています。

「弊社のEC戦略をさらに押し進めるためには、新しいオープンソースやクラウドの技術等を使ったアーキテクチャを活用する必要がありますが、そのためには技術を使いこなせる人材と、実際に開発手法を実行できるチームという2つが必要となります。この2つを兼ね備えているのがクリエーションライン様であり、（中略）この先、ヨドバシ・ドット・コムはもちろんリアル店舗のサービスをより高めていくための新たなシステムの開発、そしてお客様に対して最高の体験を提供していくためのサービス提供に、このパートナーシップを活用していきたいと考えています」

売上高「1兆4000億円」を目指す、今後の展望

2022年12月には、物流センター内でのピッキングを自動化するためのロボット

システムの導入を明らかにしました。

フランスに本社を置く産業用機械メーカーであるエグゾテック（Exotec）社の「スカイポッド（Skypod）システム」によるもので、高さ12メートルまで昇降できる3次元立体走行型自動搬送ロボット（最大30kg）によって高密度保管を可能にし、最大で毎時400行数（オーダー）の出庫に対応できる仕組みです。

「注文から出荷まで1時間以内というわれわれの物流スピードの基準に達しないロボットが多い中で、スカイポッドシステムは、われわれのスピードに対応できるレベルにある。日々増え続けている取り扱い商品を、お客様に対してより速く届けるための導入」（藤沢氏）

このシステムは、フランス、米国、日本に置かれたコントロールセンターで24時間遠隔監視しており、トラブル時の80％はコントロールセンターからの遠隔操作で解決できるそうです。

同社では、このスカイポッドシステムを複数の倉庫施設に設置し、運用していく考えのようです。

こうした新たな動きを含め、ヨドバシカメラでは600億円の物流投資を進めているといわれています。冒頭で触れた新たな拠点づくり（そごう・西武の店舗の活用）と合わせて、売上高1兆4000億円という大きな目標に着実に向かい始めています。

第2章

「ファーストリテイリング」は、なぜ物流会社を目指すのか？

「われわれは物流会社になる」――柳井氏による発言の真意

いまから8年ほど前（2016年）のことです。「ユニクロ」や「ジーユー」を国内外で展開するファーストリテイリングの会長兼社長である柳井正氏が、「われわれは物流会社になる」と社内会議で激しく訴えました。

実際に2020年11月には、ファーストリテイリングは定款《ていかん》に「倉庫業及び倉庫管理業」「運送取次事業」などを追加し、本格的な物流事業の展開を可能にしました。

もちろん、物流会社に業態転換するという意味ではありませんが、それくらいの機能を有するアパレル企業へと成長するという意気込みを感じさせます。

ご存じのように、同社のビジネスモデルは、商品企画・デザインから工場生産、店舗販売まで自社で一手に担《にな》う「SPA（製造小売業）」です。高品質・低価格を武器に世界市場から支持を集め、直近の決算（2023年8月期）では売上高2兆7000億円を超え、今期は3兆円に達する見込みです。

その同社がなぜ、わざわざ「物流会社になる」と社内を鼓舞する必要があるのか？

実は、柳井氏は「ファーストリテイリングは物流会社を目指す」と宣言する前から、「物流を本業としないグローバル企業が物流会社になる」と発言していました。

きっかけは世界最大のEC企業、アマゾンの台頭です。

ファーストリテイリングは、世界のトップ企業をお手本としながら成長してきました。いまや、アマゾンが世界でも有数の物流会社であることは、誰もが認めるところです。柳井氏は、アマゾンの成長をモデルに、ファーストリテイリングをアップグレードしていきました。SPAモデルではギャップ、ファストファッションではザラを展開するインディテックスなどをモデルとしていますが、物流における成長モデルとしてはアマゾンを意識しているのです。

ファーストリテイリングは、自社ECからの配送が受注から1週間近くかかっていた頃は、アマゾンの物流を利用できるマーケットプレイスで人気商品を販売していました。しかし、アマゾン並みの翌日配送、店舗でのEC商品の受け取り、さらには店舗スタッフによるラストワンマイル配送が可能（一部店舗）になると一転。売れ筋データの流出を避け、マーケットプレイスでの販売を中止しました。

２０２３年８月期の決算説明会で、柳井氏は次のような主旨の発言をしています。「売上高５兆円の道筋は見えた。あとはこれを２倍にするだけで、目標とする売上高10兆円を達成できる」と。

しかしながら、ファーストリテイリングが「物流会社になる」と発言した真意は、売上拡大だけではありません。

売上目標達成よりももっと先、アマゾンのように世界中にある商品をムダなく、自由自在に動かし、必要とするタイミングで、顧客の手元に届けることを可能にする物流機能をもったグローバル企業を目指しているのだと、私は考えています。

ムダな商品を「つくらない・運ばない・売らない」

同社では、２０１８年８月期決算説明会の場で「サプライチェーン改革」を打ち出しました。

柳井氏曰《いわ》く、「それまでのサプライチェーンでは、年間13億着の服のために、企画・計画から生産、物流、販売にいたるまで1年以上の時間がかかっており、〝無駄なものをつくり、運び、売る〟サプライチェーンになっていた」そうです（図2-1）。

それを「お客様が求めるものをつくり、お客様が求めるものを運び、お客様が求めるものを売っていく」サプライチェーンに変えていくというものでした（図2-2）。

その実現のため、同社ではグローバルで事業展開する世界トップ企業との間で、さまざまな分野でパートナーシップを結んでいきます。

〝つくる〟プロセスでは、世界中の膨大かつ良質な情報をリアルタイムに集め、商品企画・販売量に反映していくため、グーグルの人工知能を活用し、世界中の情報と販売データをもとに、世界的コンサルティングファームであるアクセンチュア社のアルゴリズムを用いて、精度の高い商品企画と販売数量を決定しています。

〝生産体制〟については、東レと共同開発した素材を備蓄し、ニット機械の製造販売を行う島精機製作所と顧客の要望に適した商品づくり、リードタイム短縮を図る生産体制を構築しています。

図2-1 これまでのサプライチェーン

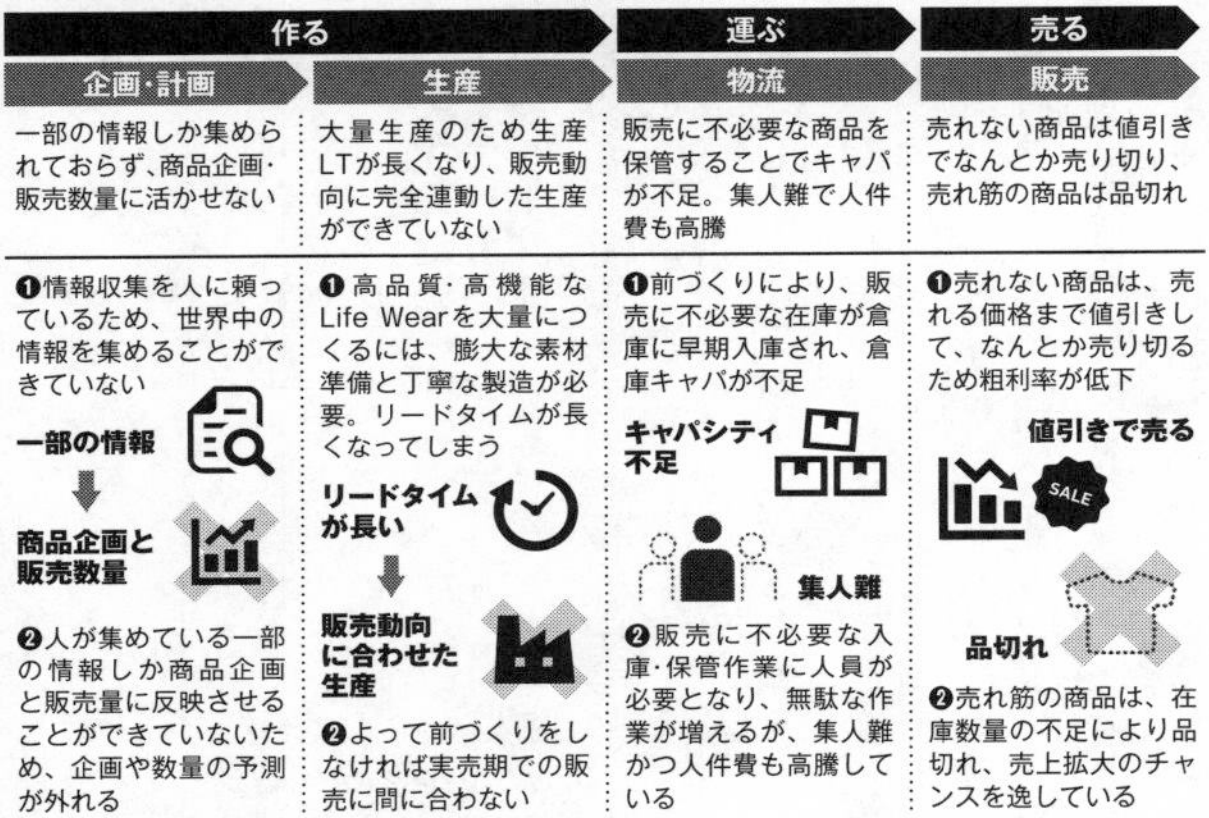

作る		運ぶ	売る
企画・計画	生産	物流	販売
一部の情報しか集められておらず、商品企画・販売数量に活かせない	大量生産のため生産LTが長くなり、販売動向に完全連動した生産ができていない	販売に不必要な商品を保管することでキャパが不足。集人難で人件費も高騰	売れない商品は値引きでなんとか売り切り、売れ筋の商品は品切れ
❶情報収集を人に頼っているため、世界中の情報を集めることができていない	❶高品質・高機能なLife Wearを大量につくるには、膨大な素材準備と丁寧な製造が必要。リードタイムが長くなってしまう	❶前づくりにより、販売に不必要な在庫が倉庫に早期入庫され、倉庫キャパが不足	❶売れない商品は、売れる価格まで値引きして、なんとか売り切るため粗利率が低下
一部の情報	**リードタイムが長い**	**キャパシティ不足**	**値引きで売る**
↓	↓		
商品企画と販売数量	**販売動向に合わせた生産**	**集人難**	**品切れ**
❷人が集めている一部の情報しか商品企画と販売量に反映させることができていないため、企画や数量の予測が外れる	❷よって前づくりをしなければ実売期での販売に間に合わない	❷販売に不必要な入庫・保管作業に人員が必要となり、無駄な作業が増えるが、集人難かつ人件費も高騰している	❷売れ筋の商品は、在庫数量の不足により品切れ、売上拡大のチャンスを逸している

図2-2 これからのサプライチェーン

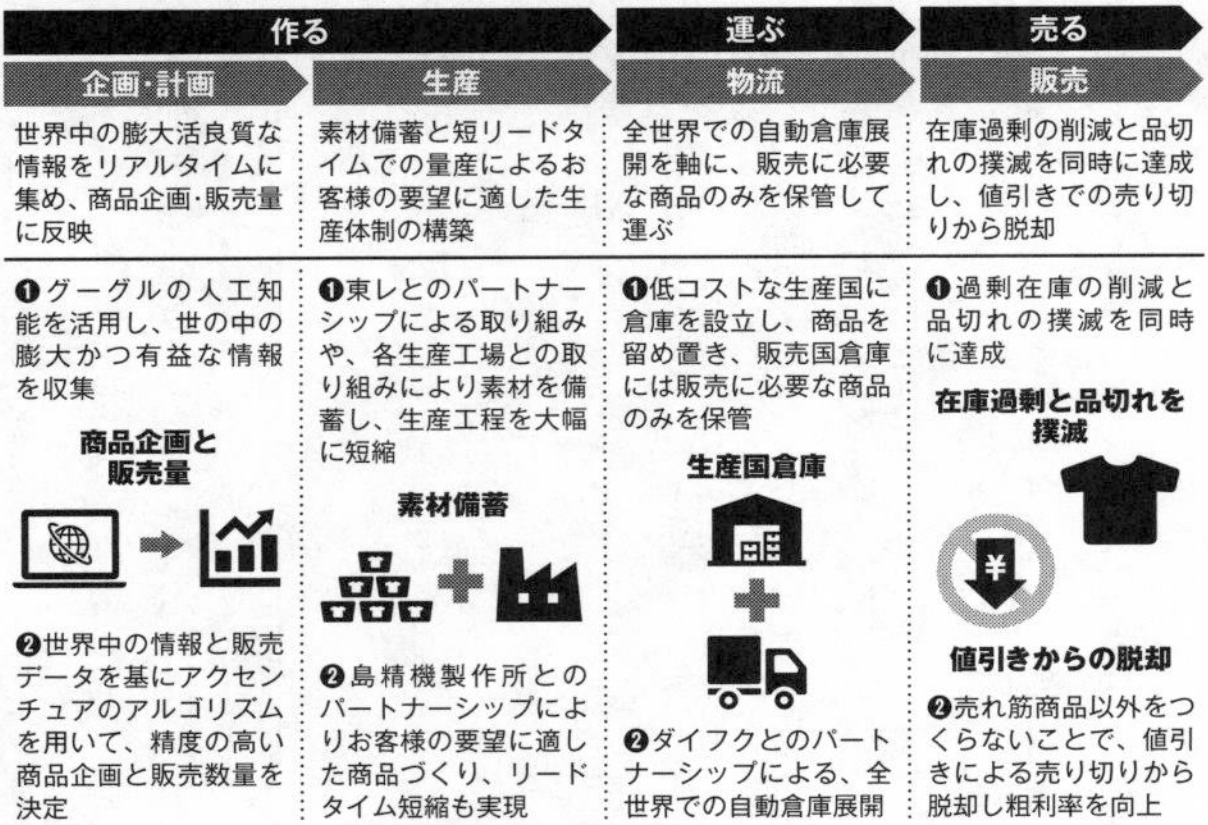

作る		運ぶ	売る
企画・計画	生産	物流	販売
世界中の膨大良質な情報をリアルタイムに集め、商品企画・販売量に反映	素材備蓄と短リードタイムでの量産によるお客様の要望に適した生産体制の構築	全世界での自動倉庫展開を軸に、販売に必要な商品のみを保管して運ぶ	在庫過剰の削減と品切れの撲滅を同時に達成し、値引きでの売り切りからの脱却
❶グーグルの人工知能を活用し、世の中の膨大かつ有益な情報を収集	❶東レとのパートナーシップによる取り組みや、各生産工場での取り組みにより素材を備蓄し、生産工程を大幅に短縮	❶低コストな生産国に倉庫を設立し、商品を留め置き、販売国倉庫には販売に必要な商品のみを保管	❶過剰在庫の削減と品切れの撲滅を同時に達成
商品企画と販売量	**素材備蓄**	**生産国倉庫**	**在庫過剰と品切れを撲滅**
❷世界中の情報と販売データを基にアクセンチュアのアルゴリズムを用いて、精度の高い商品企画と販売数量を決定	❷島精機製作所とのパートナーシップによりお客様の要望に適した商品づくり、リードタイム短縮も実現	❷ダイフクとのパートナーシップによる、全世界での自動倉庫展開	**値引きからの脱却** ❷売れ筋商品以外をつくらないことで、値引きによる売り切りから脱却し粗利率を向上

出典：ファーストリテイリング2018年8月期決算説明会資料より

〝運ぶ〟ことについては、全世界での自動倉庫展開を軸に、販売に必要な商品のみを保管して運送することを徹底しています。

そのために、2018年10月に自動倉庫の設計・開発を手掛けるダイフクとパートナーシップを締結。2019年11月には倉庫内作業ロボットの動きをコントロールするソフトウェア開発のベンチャー企業、ムジン（MUJIN）、3次元立体走行型自動搬送ロボットによる自動ピッキングシステムを提供するエグゾテックソリューションズ（Exotec Solutions SAS）と、それぞれの間で、戦略的グローバルパートナーシップを結んでいます。

ダイフク、ムジンとの協業による全自動倉庫は、入庫生産性80倍、出庫生産性19倍、保管効率3倍、省人化率90％。ピッキング作業者の歩行数は0歩を可能にしました。商品のピッキングで歩かずに済むため、教育係が移動しなくてもピッキング作業を指導でき、教育コストも80％削減が可能になりました。

なお、エグゾテックソリューションズの自動ピッキングシステムは「スカイポッド」と呼ばれるもの。第1章（ヨドバシカメラ）の最後に少し登場したのを覚えているでしょうか？　最大重量30kgまでを、12メートルの高さまで昇り降りする3次元立体走行型自動搬送ロボットにより高密度保管を可能にし、最大毎時400行数（オーダー）を出庫することができます。生産性は同じ規模の従来型倉庫に比べ4倍、保管量は5倍です。

自動搬送ロボットは秒速4メートル（時速に換算すると、14・4キロメートル）の速さで、前後左右上下に移動します。全世界で4000台が稼働、うち日本国内ではファーストリテイリングの2拠点で1000台が稼働しています。

スカイポッドは、フランス、米国、日本にそれぞれ置かれたコントロールセンターにより、タイムゾーンに分かれて24時間監視しており、トラブル時の80％はコントロールセンターからの遠隔操作で解決できると言います。

このほか、ＲＦＩＤ（自動認識技術）検品精度は100％、ＡＩカメラによる24時間遠隔監視体制を確立。24時間稼働で、出荷までのリードタイムも従来の64分の1まで短縮しているそうです。

なお、ＲＦＩＤによる検品は、実験室のような理想的環境であれば１００％の精度を出すことは難しくありませんが、実際の倉庫では、金属が多い現場で電波の干渉が出ることもあり、１００％の精度はなかなか出せないと言われています。

ダイフク、ムジンの両社とも、グローバルな展開でさまざまな現場を経験していることもあり、ＲＦＩＤ検品精度１００％が実現できたのだと思います。

〝売る〟に関しては、過剰在庫の削減と品切れの撲滅を同時に達成し、値引きによる売り切りからの脱却を目指しました。

こうした数々の取り組みが実を結び、２０１９年11月時点でダイフクとは国内２拠点、海外２拠点で倉庫自動化に着手しており、合計１０００億円規模の物流投資になる計画です。

世界の有名アパレル企業と渡り合うファーストリテイリング

ファーストリテイリングの業績を見ると、２０２３年８月期は２兆７０００億円超の売上を挙げ、2024年8月期には売上高3兆円を超える計画です(図2-3)。

では、グローバル企業と比較したとき、ファーストリテイリングは、どのくらいの規模になるのでしょうか。同社では、業界でのポジションとして、世界の主なアパレル製造小売業との比較を掲載しています。

ファーストリテイリングの掲載データは2023年8月時点とズレがありますが、売上高では、ザラを展開するインディテックス(5・16兆円、Inditex, S. A、スペイン)、H&Mのエイチ・アンド・エム・ヘネス・アンド・マウリッツ(2・99兆円、H & M Hennes & Mauritz AB、スウェーデン)に次ぐ、世界第3位です。

ただし、H&Mは現在、あまり業績が芳《かんば》しくなく、事業の建て直しを進めているところで、2023年8月期も大きく業績を伸ばしたファーストリテイリングとの差はどんどん小さくなっている印象です。

実際に2019年には、ユニクロがH&Mに代わり、スウェーデンオリンピック・パラリンピック委員会とナショナルチームのユニフォーム制作を請け負うなど、H&Mの領域を侵食しています。

第4位は、かつてファーストリテイリングがSPAのモデルとしていたギャップ

図2-3 ファーストリテイリング 2024年８月期業績予想

（単位：億円）	2023年8月期	2024年8月期	
	通期実績	週別予想（10/12時点）	前年比
売上収益	27,665	30,500	＋10.2%
事業利益	3,819	4,500	＋17.8%
その他収益・費用	▲9	—	—
営業利益	3,810	4,500	＋18.1%
金融収益・費用	568	—	—
税引前利益	4,379	4,800	＋9.6%
親会社の所有者に帰属する当期利益	2,962	3,100	＋4.6%

図2-4 世界の主なアパレル製造小売業の時価総額ランキング

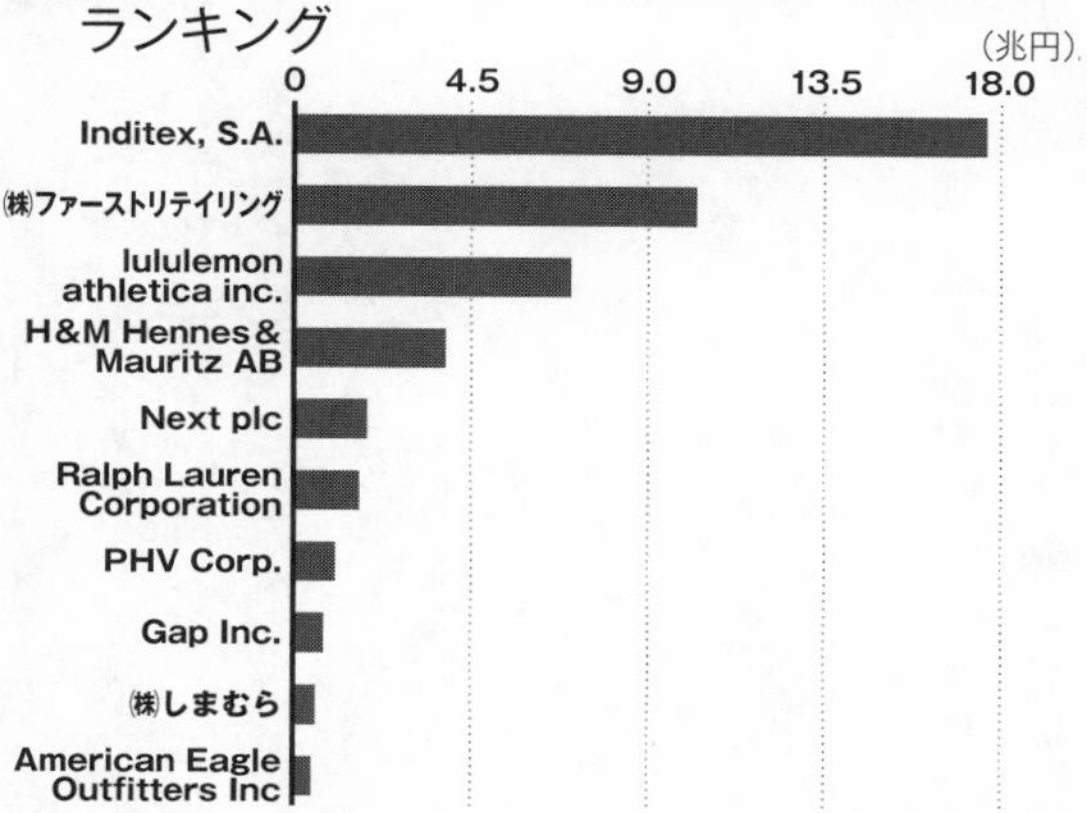

出典：ファーストリテイリング2023年IR資料より

（2・33兆円、Gap Inc.、米国）。このほか、売上高1兆円超の企業としてCalvin Klein,Tommy Hilfigerを展開するＰＶＨ（PVH Corp.、米国）、ヨガのブランドとして急成長しているルルレモン（lululemon athletica inc.、米国）が名を連ねています。

あくまでもファーストリテイリングが考えるアパレル製造産業の時価総額ランキングですが、それを見ると、ファーストリテイリングは、インディテックスに次いで第2位。第3位がルルレモン。スポーツブランドとしての時価総額ランキングでは、アディダスを抜き、ナイキに次ぐ第2位のポジションに位置しています（図2–4）。

アパレルの定説を覆した「ECへの道」

２０１９年8月期の決算説明において、ファーストリテイリングは、「ECを本業にする」と宣言しました。

以降、ファーストリテイリングでは、店舗とECの融合を積極的に図り、ECの売上比率30％を目標に掲げています（２０２３年8月期、国内ユニクロ事業のEC売上構成比率は約15％、EC売上高１３３８億円）。

店舗とＥＣの融合のカギとなるのが、専用のスマホアプリです。もちろんパソコンからでも、スマホからでも、ＥＣ経由の購入はできます。

ではなぜ、スマホアプリなのかというと、デジタル会員証にもなり、店舗で何を買ったのかもわかるからです。

アプリのダウンロード数は２０２２年時点で延べ３１００万件を超え、アプリ経由のＥＣ売上は、年平均成長率69％増、倍々ゲームに近い規模で伸び続けています。手元に置いていつでも使えるスマホの普及につれて、家にＰＣのない家庭も増えてきており、スマホ売上げ（アプリ経由＋スマホのＥＣサイト）はＥＣ売上の80％になっています。

セッション数（アクセス数：サイト内で複数ページを閲覧した場合でも、１回の訪問であれば「1」とカウントされる）は年平均成長率30％増ということですから、それ以上にＥＣ売上が伸びているわけです。つまりＥＣで買い物をする人、買い上げ金額ともに大きく増えていることになります。

スマホアプリに重点を置く理由の１つに、顧客からの問い合わせ方法の変化もあります。ＥＣに関する問い合わせ件数が年間70万件あるそうですが、そのうち６割近くがチャットによるものです。

中国ではウィーチャット（WeChat）に代表されるように、チャットによるやり取りが早くから進んでいましたが、メール利用が進んでいた日本や米国など、他の国では、チャット文化はなかなか広がらないだろうと言われていました。

しかし、メールでの問い合わせはレスポンスに時間がかかることが多いうえ、いちいちメールアプリを起ち上げる手間もかかります。

チャット形式でできれば、移動中でもちょこちょこやり取りすることができ、いまでは若者世代に限らず、多くの世代ですっかり便利なツールになっています。

またアプリの機能として、スマホ内蔵のカメラを使って採寸ができたり、そのデータを登録しておけば、この商品であれば、自分に合うサイズを提案してくれる機能を利用することも可能です。

ＥＣが一般に利用され始めた２０００年頃は、日本人は肌触りや素材感を確かめて購買決定するから、「アパレルのＥＣは難しい」と言われたものです。

しかしながら、そんな定説も、時代の変化、ニーズの変化によって、あっという間に塗り替わってしまいました。

そうしたシフトチェンジを促したことの１つに、ＥＣは店舗よりも圧倒的に多い品揃えが可能になるという点があります。エンドレスアイル（Endless Aisle：無限の通路）と言われていますが、ＥＣであれば、リアル店舗に収まりきらないボリュームの商品を簡単に揃えることができます。

ユニクロのＥＣ店舗の場合、標準店の４・２倍、旗艦店の３・０倍のＳＫＵ[2]（Stock Keeping Unit）があります。サイズや色のバリエーションが豊富なだけでなく、オンライン専用商品やビッグサイズの人向けのものなどもあり、ＥＣ特別商品やＥＣ限定サイズがＥＣ売上の30％を占めるまでになっています。

いまや、ＥＣはリアル店舗の代替にとどまらず、実店舗では対応が難しい商品を補完する機能を持つようになってきたのです。

【2】ストックキーピングユニット。在庫管理上の最小の品目数を数える単位のことを指す。

ファーストリテイリングにおける「店舗とECの融合」の歩み

そうはいっても、店舗とECの融合は口で言うほどたやすくはありません。
ただ単に実店舗があり、ECサイトがあり、ECサイトには店舗以上に商品を揃えていて、アプリもあるといった体裁を整えただけでは融合とは呼べないのです。
リアル店舗でも、ECでも、あるいはPCでも、スマホでも、どれを利用しようとも、同じように便利に使える、ということがシームレスに実現できてはじめて、本当の意味での融合になると考えています。

少し前まではオムニチャネルという言い方をしていたかと思いますが、この実現のための最低限の条件として、筆者は在庫管理の一元化、価格の統一、店員教育の3つがあると、言い続けてきました。

在庫管理の一元化は、店頭にある、店舗の倉庫にある、物流倉庫にある、EC専用倉庫にある、店舗に移送中、店頭取り置き用、といったステータスごとに、すべての在庫管理がリアルタイムでできているかどうか、ということです。

価格の統一で言えば、ECと店頭で価格に違いがあれば、お客様はどちらで買えばいいのか迷ってしまいます。

また、店舗の店員も、目の前にある商品を売ること、目の前の在庫のことだけを考えればいいのではなく、もし、店頭にお客様の希望する商品がなかったらどう対応するか。お客様を放り出したまま、倉庫に在庫の有無を確かめに行ってしまったり、「ありません、在庫切れです」とだけ伝えて済ませたりせず、近隣の店舗に在庫はあるか、ECの在庫はどうか、1店舗の売上に固執せず、会社全体としての機会ロスをなくすような対応がいつでもできるようにする教育も必要です。

では、ファーストリテイリングはどうでしょうか。店舗とECの融合への流れを簡単に振り返ってみましょう。

2015年10月、ユニクロの店舗在庫がEC上から確認できるようになりました。

筆者が創業したイー・ロジットでは、その当時ベースとなる衣服をユニクロで購入し、四国の会社でそれに刺繍を入れてもらって制服として利用していました。ある程度の人数分が必要になる場合、1つの店舗の在庫では足りなくなることも多く、複数の店舗を回ってようやく必要な数が揃うといったこともありました。

そのうち、店舗にて、近くの別店舗の店頭在庫も調べることができるようになり、取り置きをお店の人に手伝ってもらえるようになり、便利になりました。

しかしまだ、リアルタイムでの在庫管理ではなかったため、ある店舗に「在庫有り」となっているものが、実はすでにECで購入されているといったこともあり、便利になった反面、別の角度からのクレームが入るようになりました。

それが解消されたのは、2017年3月。店舗とECの在庫データの一元管理が実現。これにより、ある店舗では過剰在庫になっているのに、別の店舗では欠品状態が続く、というムダの多い偏在庫状態を減らすことが可能になりました。

同時に、店舗の在庫をECの店頭取り置きとして利用できるようになり、配送リードタイムの短縮と、物流センターからの出荷数が減少し物流費の抑制にもつながりました。

2021年10月にはアプリで注文し、レジに並ばず店舗で受け取る「ORDER &

PICK」がスタートしました（現在は最短１時間での受け取りが可能です）。

現時点で、ORDER & PICKの利用はＥＣ全体の４割以上、コンビニ受け取りも５％程度ありますから、宅配での受け取りは５割程度まで下がってきています。宅配の割合が減少すればそれだけ物流費を抑えることができます。

ORDER & PICKの利用が増えているのは、宅配の場合の送料無料バー（送料がユニクロ負担となる最低購入金額）がかなり高く設定されていることもあります。まとめ買いしても送料無料バーをクリアできない場合は、店舗受け取りを選択する人も少なくないようです。

ターミナル店も増えてきており、木曜日までのセール期間に購入し、日曜日にターミナル店での店舗受け取りにすれば、送料無料&セール価格での購入ができます。

なお、店舗とＥＣの併用者は、購入頻度が高くなり、ロイヤルカスタマーになっていく、と言われています。これは、国内外問わず、アパレル業界に共通した見解であるようです。

国内ユニクロ事業の場合にも、同じことがあてはまります。

2022年のデータによると、店舗とECの併用者のほうが、平均年間購入金額、同購入回数ともに、ECのみ、店舗のみの顧客を上回っているのです。併用者の購入金額はECのみの約3倍、購入回数は約4倍あります。

購入頻度が高くなれば平均単価は下がる傾向にありますが、顧客接点が増えていくのでトータルで見れば平均年間購入金額が高くなります。

こうした傾向は、ユニクロだけに限らずアマゾンでも同様です。

ユニクロでは、ほぼ毎週セールを実施し、そのお知らせは、アプリのプッシュ通知、メール、LINEを通じて行っています。アプリを利用していれば、それまではセールを知らずに、買い逃していた人も購入する機会が生まれます。店舗に足を運ぶ時間がないからと、セールそのものをあきらめていた人も、ECならばチャンスをモノにできるでしょう。

こうした施策を繰り返し打ち、顧客接点を増やしていくことで、より購入チャンスを増やし、購入頻度を高めていくことにつながっていると考えられます。

実店舗の役割は、「買い物の場」から「情報発信の場へ」

アディダスやナイキなど、グローバルブランドの直営店を見ればよくわかりますが、実店舗は買い物の場から、情報発信の場に変わってきています。

もちろん、今まで通り最新モデルや店舗限定品の購入も可能ですが、それ以上に「ブランドの世界観をさまざまなかたちで体験してもらう」という位置づけに変化しているのを強く感じるのです。

ファーストリテイリングでも、２０２２年10月、同社の決算説明会において、会長兼社長の柳井氏は「今後、店舗は『買い物の場』から『お客様への情報発信の場』へと変化していく」といった主旨の言葉を述べています。

いまや、アプリやウェブサイトを通じた買い物体験は、この数年のテクノロジーの進化などもあり、試着や着こなしチェックなども含め、実店舗での体験と遜色《そんしょく》のないレベルになってきています。

同社でも、ライブ配信を見ながら、気になった商品を購入できるライブコマース

「UNIQLO LIVE STATION」を2020年に立ち上げ、2023年には日本国内の年間累計視聴者数が1000万人を突破しました。

こうした現実も踏まえたうえで、実店舗は「オンラインでは不可能なこと」を提供する場になるべきだ、ということでしょう。

具体的な姿は示されていませんが、EC購入商品の受け取りに加え、店舗スタッフによるラストワンマイルの配送を手掛ける店舗も出てきています。

転換点となった「有明プロジェクト」

2016年、ファーストリテイリングは、東京都江東区有明に超消費立地型物流拠点を設置しました。延床面積11万㎡超の6階建てで1～4階までを倉庫とし、そこから各店舗、およびEC購入者の集中する首都圏への配送拠点とする計画でした。

荷姿（荷物を輸送する際の外観）や伝票枚数、一度にピックアップする商品の種類や数量など倉庫内での作業内容も異なるBtoB（店舗向け、以降B2Bと表記）と、BtoC（一般顧客向け、以降B2Cと表記）の物流を同じ拠点で行うのは難しいと筆者はあらゆる場で伝えていました。

その後、主要な商品・商売機能を有明に移転。ワンフロア5000坪のオフィスに企画・計画、生産、物流、販売の各部門を集中させ、世界中の全店舗(EC含む)の販売状況や在庫状況、アプリやSNSを通じた情報をもとに、お客様の求めるものを、必要なタイミングで、必要な分だけ、つくり・運び・販売する「情報製造小売業」を目指すことを明らかにしました。この実現に向け、全社・全員で進めてきた全社改革が「有明プロジェクト」です。

しかし、筆者の見立てどおり、物流に関しては混乱が生じることになり、結果、B2B(店舗向け)と、B2C(一般顧客向け)の物流を切り離すことになりました。

そして2021年4月、ブラッシュアップしたかたちでの「有明プロジェクト」がスタートしました。

4フロアあった倉庫のうち、4階部分(5000坪)を業務スペースに改装。日本最大級の自社スタジオ(1800坪)、カスタマーセンターの新拠点、ウェブ制作チームのワーキングスペース、仮想店舗(大型店、標準店)を設置し、3Dニットのマザー工場も、有明本部の近郊に移転させました。

この新たな体制の内容を知り、筆者は、ZARAを展開するインディテックスの本社の姿を思い浮かべました。2017年に同社を訪問したのですが、その当時の姿と、ファーストリテイリングが目指している方向とがオーバーラップしているように見えています（図2－5）。

アパレル業界が避けられないサステナブルへの対応

ファッション業界は世界で第2位の汚染産業、世界的に環境負荷の高い産業という見方をされています。

「ファッション業界により年間930億㎥以上もの水が使用されており、これは500万人が生活に必要な水の量に当たる」「300万バレルもの原油の使用に相当する、50万トンものマイクロファイバーが毎年海洋に廃棄されている」「二酸化炭素（CO_2）排出量に至っては、すべての国際線の航行、海運による排出量の合計を上回る」といったデータが示されることもあります。

業界がそうした環境に近づきつつあることを、ショッキングなかたちで世に訴えた

図2-5 有明プロジェクト全体像

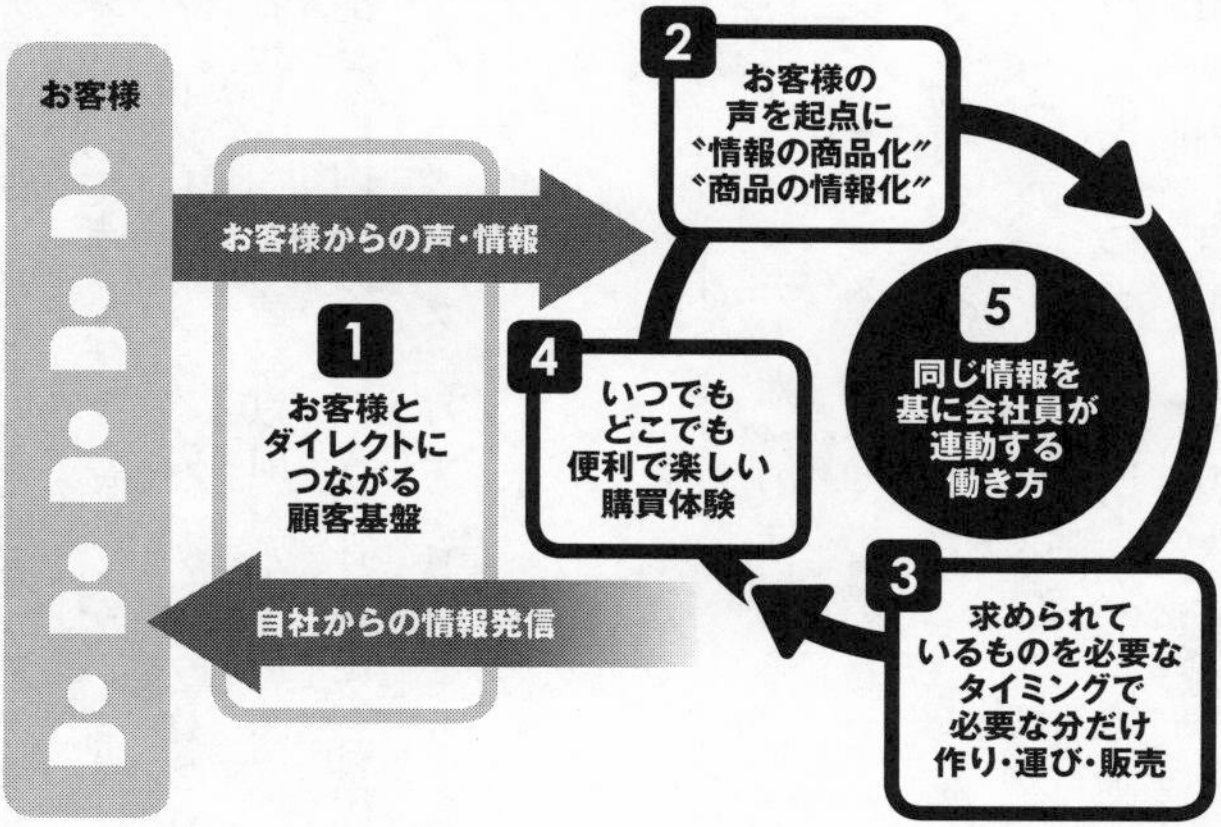

のが、アメリカ発祥のアウトドアブランド、パタゴニアです。

2011年のブラックフライデー時期に『ニューヨーク・タイムス』紙に掲載した「Don't Buy This Jacket（このジャケットを買わないで）」と謳う広告は、米国アパレル業界の大量消費への警鐘を鳴らし、環境への配慮を促すきっかけとなりました。

2015年に創業者のイヴォン・シュイナード氏の甥であり創業メンバーのヴィンセント・スタンリー氏と本社のあるベンチュラの空の下で2時間ほど語ったとき、社会に対する責任を真剣に考えていることが十分に伝わってきました。

現在、グローバル市場で展開するブランド・企業では、国際認証の取得を取引の前提条件として考えるようになっています。

ファーストリテイリングでも、２０２０年1月、「ファッション業界気候行動憲章」に署名し、「産業革命以前の水準より、地球の気温上昇を2℃未満（可能な限り1・5℃未満）に抑える」というパリ協定の目標への支持を明らかにしました。

また、「ファーストリテイリング サステナビリティレポート ２０２１」には次の11の指針が書かれています。

「責任ある原材料調達」
「再生ポリエステル素材の使用」
「使い捨てプラスチック使用量削減」
「化学物質の管理」
「水とエネルギー使用量の削減」
「RE. UNIQLO（不要な服を回収し、付加価値をつけてリサイクルする）」
「仕上げ加工工程で水使用量を削減」

「マイクロプラスチックへの取り組み」
「店舗照明のＬＥＤ化と太陽光パネルの設置」
「環境に配慮した店舗・オフィスの開発」
「物流効率の向上」

２０２０年初から世界中に蔓延《まんえん》したコロナ禍において、同社は、コロナウイルス対策支援として、宅配便の配達員、店舗から出るごみの回収に携《たずさ》わる作業員に機能性のインナー「エアリズム」、さらに国内外の医療機関に対してはエアリズム、マスクなども提供しました。

第3章 買い物の変化に翻弄される「アメリカ企業」

予想外の成長阻害要因に悩まされた「アマゾン」

世界的な新型コロナウイルス感染拡大を背景に、潜在的なＥＣ需要の掘り起こしが一気に進みました。いまも、世界のＥＣ市場の規模拡大、ＥＣ化率の上昇が続いています。２０２６年には２０２２年の１・４倍の市場規模になるという予測もあります（図３－１）。

中国に次ぐ世界第2位のＥＣ規模のアメリカ市場でも、その大きな流れは変わっていません。ただ、２０２２年から２０２３年にかけて、好調だったはずのＥＣの事業分野にちょっとした異変が起こりました。

ＥＣを事業の柱とする企業の何社かが、戦略を変え始めたのです。そのうちの一社が、世界最大のＥＣ企業であるアマゾンでした。

アマゾンは、２０２２年決算での北米売上は前期比約13％増の３１５９億ドルでしたが、28億ドルの営業赤字に陥《おちい》りました。大きな要因となったのは、コロナ禍におけ

図3-1 世界のB2C-EC市場規模

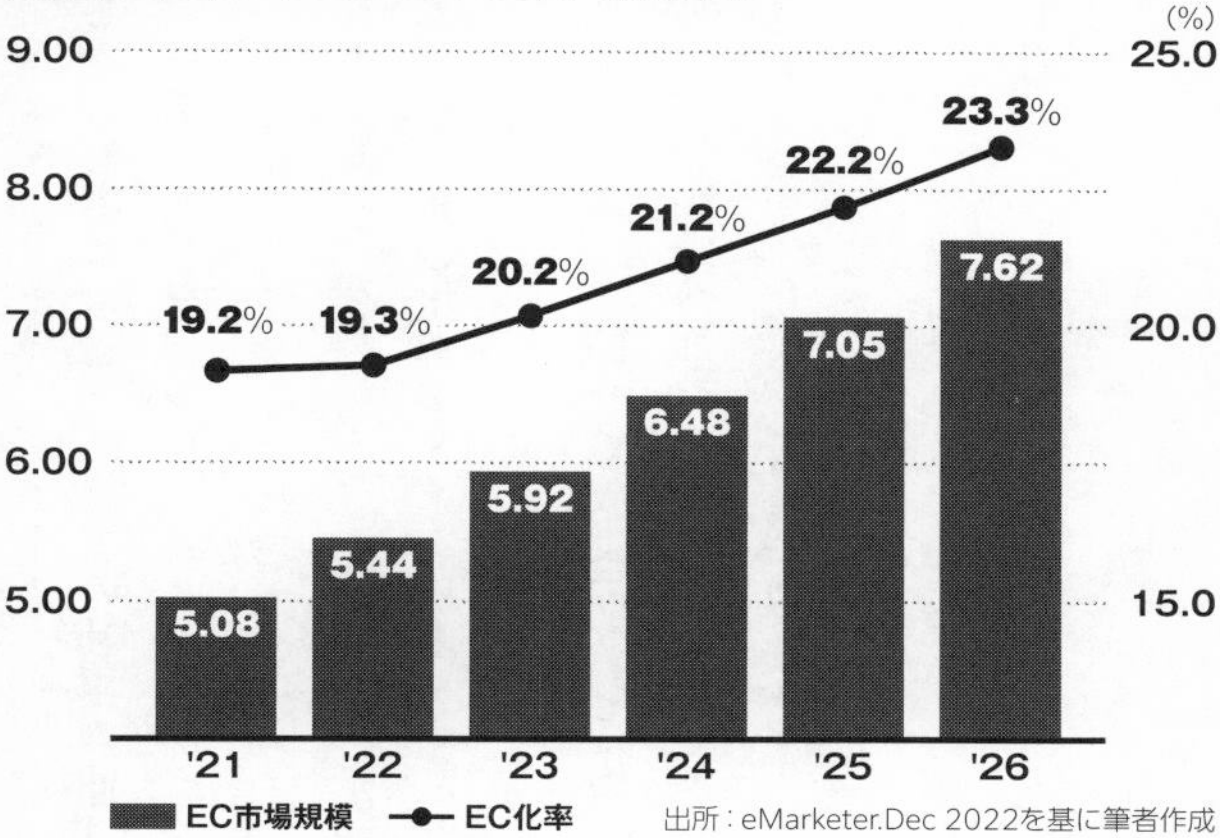

出所：eMarketer.Dec 2022を基に筆者作成

るＥＣの成長に対する見込み違いです。

同社はコロナの感染拡大が始まった２０２０年から２０２１年にかけて、同社最大規模のＦＣ（フルフィルメントセンター：床面積11万坪強）を立ち上げるなど、24カ月の間に、創業からそれまでの25年間かけて拡大してきた物流施設のスペースと同程度の拡大を進めました。

コロナ禍による新規ユーザーの増加も合わせ、年率39％の成長を見込み、その２年分として１・39×１・39＝１・93倍にはなると考え、コロナ前の２０１９年のＦＣの床面積２５２７万㎡（７６４万坪）を、２０２１年末には４８７７万㎡（１４７５万坪）と、ほぼ倍に拡大したのだと思います。

しかし実際には、そこまでの利用の伸びがありませんでした。それまでECを利用したことがなかったEC初心者がアマゾンデビューをしたものの、熱心なリピーターには育たなかった。コロナの落ち着きとともに、多くの人が、ネット（EC）からリアル（実店舗）での買い物に戻ってしまったのです。

筆者も、EC化率がタイムワープすると予測していたので、正直、この回帰には驚きを隠せませんでした。

アマゾンは、予期せぬ成長のブレーキにより、新規FCの契約解除、FC稼働の先送りなど、固定費削減を図りました。もっとも同社の2023年決算では北米市場の営業赤字も黒字に転換しており（第3四半期時点）、以前のような成長軌道に戻っているようです。

このアマゾンのケースを通して、あらためて物流投資の難しさを考えることになりました。

D2Cだけでは立ち行かない？

米国の消費動向は、日本の動向の少し先を映す鏡と言われています。
そうした視点に立ってもう少し詳しく、2022年から2023年にかけて、米国のEC回りでどんな変化が起きていたのかを見ていきたいと思います。

日本国内でも上場する企業が生まれるなど、D2C（direct to consumer）のビジネスモデルが注目されています。

D2Cは、生産から販売まで一括で、デジタルで完結するというモデル。メガネのネット販売を立ち上げたワービー・パーカー（Warby Parker）、スーツケースのアウェイ（Away）（この創業者2人は元Warby Parker）などが先駆けとして知られています。ワービー・パーカー同様、実店舗を構えるところもありますが、多くは、そこは実物を〝見るだけ〟、ショールームという位置づけで、購入する場合はECからということになります。

たとえば、あるアパレルのD2Cの場合、見るだけの店舗でサイズ感を確認し、店内に設置されたタブレットで注文すると、後日、物流センターから自宅まで商品が届けられます。

D2Cでは1カ所の物流拠点に商品在庫を集約し、そこから全米に商品を発送することが可能になりますから、在庫を縮小、売れ残りを防ぐことにもつながります。

このD2Cモデルの中にも、コロナ禍の間の消費行動の変化により、事業モデルのリストラクチャリングを進めたところがあります。

米国内外で20代を中心に人気を集めるD2Cコスメブランドの「グロッシアー(Glossier)」は、コロナ前には、「お試しできる店」としてニューヨークに出店していましたが、コロナ禍で一度閉店。筆者は2023年3月、ロサンゼルス(LA)に視察に行き、LAの店舗に行ってきましたが、その際にB2B事業(卸事業)の展開も開始したことを知りました。

日本で言えば、かつてのソニープラザ(現プラザ)によく似た業態であるフランス発のコスメセレクトショップセフォラ(Sephora)に、グロッシアーの商品を卸しています。セフォラでは、グロッシアーを含むさまざまなブランドのコスメ商品をその場で試し、販売しています。

D2Cは、自社ブランドを自社のECから直接顧客に販売するモデルですが、それだけでは成長を維持できないことから、B2B事業にも手を伸ばしていったのです。

筆者は、よく「楽しい買い物」「楽しくない買い物」という言い方をします。日用品など、必要だから買うのは「楽しくない買い物」、一方、販売スタッフと話したり、思わぬ掘り出し物を発見したり、買い物という体験そのものを目的とするのは「楽しい買い物」と分けているのです。たいてい、ECで買うモノは「楽しくない買い物」です。グロッシアーの場合は「楽しい買い物をしたい」と考える人が多かった、ということだと思います。

また、素材にさとうきびやユーカリなど再生可能なものを使った、環境にやさしいスニーカーを販売するD2Cにオールバーズ（allbirds）があります。日本にも進出しているので愛用されている人も少なくないと思います。

同社も、2022年はホリデイシーズンと言われ、売上を大きく伸ばす時期である第４四半期（10月～12月）の売上がアナリストの予想を大きく下回る結果（予想９６００万ドル、実績、８４００万ドル）になりました。

グロッシアー同様、すでにＢ２Ｂ事業に参入し、ディック・スポーツ・グッズ（Dick's Sporting Goods）、アール・イー・アイ（REI）、ノードストローム（Nordstrom）、シールズ（Scheels）といった量販店での販売を始めています。

アマゾンキラー「ショッピファイ」の誤算

「アマゾンキラー」と呼ばれるショッピファイ（Shopify）の場合は、もっとドラスティックな戦略転換を図りました。

同社はアマゾンなどに頼らずとも、簡単にＥＣを開設できるプラットフォームとして、米国内のＤ２Ｃに限らず日本国内でもその勢力を伸ばしています。入り口（受注）だけでなく出口（在庫から出荷、配送までの物流機能）部分もカバーしなければ、アマゾンに対抗できないという考えから、自前でのロジスティクス構築に向かったのです。

時間通りの配達、送料の削減、顧客体験の向上（ショッピファイ導入企業と顧客）を実現するため、2019年にAGV（無人搬送機）を開発するシックスリバーシステムズ（6 River Systems）を4億5000万ドル（約477億円）、2022年には全米に物流拠点をもち、当日配送も可能な物流会社、デリバー（Deliverr）を21億ドル（約2700億円）で買収しました。

しかし、アマゾン同様、EC需要の伸びに対する読みがはずれ、投資額が重荷となり、2023年5月、シックスリバーシステムズはオカド（Ocado）へ、デリバーは同業のフレックスポート（Flexport）に売却することになりました。また、同社は2022年から2023年にかけて、3度にわたるリストラも実施しました。

ちなみに、オカドグループは米スーパーマーケット（SM）最大手のクローガー（Kroger）、日本ではイオンと戦略的パートナーシップを結び、2023年首都圏でグリーンビーンズを展開し始めました。

このケースで残念なのは、肝いりの物流投資だったはずなのに、短期間でそのリソースを手放すことになってしまった点です。物流への投資は実行後、瞬間的に売上が上がるというものではありません。長期にわたり、ボディブローのように効いてきて、競争力を高めてくれるものです。

ショッピファイは上場企業であるがゆえに、株主から短期的な利益を求められ、それに応えるため、見込みとのズレが出てしまった物流への投資をあきらめざるを得なかったのでしょう。

投資リスクの少ない「物流の協業」を選ぶギャップ

物流に対し、協業というかたちから、強化を図るところもあります。

アパレルを展開するアメリカン・イーグル・アウトフィッターズ（AEO）は、オムニチャネルの3PL[3]であるクワイエット・プラットフォームズ（Quiet Platforms）を買収、消費立地型の物流体制を構築し、オンライン、オフライン、自宅配送、店舗受け取り（BOPIS）に関係なく、速いスピードで商品を顧客の手元に届けることを可能にしました。この配送ネットワークを同社ではThe AEO Edge Networkと呼んでいます。

それまで同社では、全米の人口重心[4]に近い（カンザス州）、東海岸（ペンシルバニア州）の2カ所に物流センターを構えていましたが、新たに消費立地に近い6カ所にセンターを設け（計8カ所の物流拠点を展開）、物流の効率化を図っています。

消費立地に在庫を集中させ（従来の23％から63％へ）、配送距離が短くなった分、商品の到着までの時間を1日短縮、それにより配送コストも10％安くすることができました。さらに配送時間が短ければ、梱包資材の強度が多少落ちても、顧客に届けるまでの物流品質には影響が少ないと考え、資材の使用量も20％削減しています。

この協業には物流ノウハウのある人材の共有のほか、教育や採用も自社で行わずに済むというメリットもありました。

こうした成果を確信した同社は、コロナ期間中の2021年12月、クワイエット・プラットフォームズを買収しました。


【3】サードパーティー・ロジスティクス。読み方は、スリーピーエル。荷主に対して物流改革を提案し、包括して物流業務を受託し遂行すること。

【4】人口重心とは、人口の一人ひとりが同じ重さの荷物を持つと想定し、その地域内の人口が、全体として平衡を保つことのできる点を意味する。

「オールドネイビー（Old Navy）」「ギャップ（GAP）」等を展開するギャップは、コロナ直後から実店舗を減少。ギャップは欧州から全面撤退、日本からも撤退するという噂が絶えません。その一方で全米に14あるFCを活かし、24時間以内の配達、ロイヤルカスタマーへ優先的に配送するサービスを可能にしました。

また、アパレルのECでは課題になることが多い返品対策として、小売（オフライン）とEC（オンライン）で返品された商品の再販売を最適化するスタートアップ、オプトロ（OPTORO）と協業。返品回収に宅配を使わず、回収拠点に持ち込んでもらい、商品として再生させ、再販売までのスピードを大幅に改善しました。

ギャップの売上規模は1兆円を大きく超えています。しかしそれだけの規模がありながらも、物流ノウハウに必要な返品回収スキームを自前で構築はせず、短期間での実現を可能にする投資の少ない協業というかたちを選びました。

いまやサステナブルへの対応は必然。特にアパレルは全産業の中でも世界的に環境負荷の高い産業という見方をされています。そうしたことへの対応の1つとして、ECの梱包については、95％リサイクル材料の使用や、再利用紙バッグへの変更も進めています。

アマゾンの猛追に焦る「ウォルマート」の戦略

実は、このコロナ期間中に世界最大の小売業ウォルマート（Walmart）でも、リストラが実施されました。同社でも、他の多くの企業同様、コロナ禍でのＥＣの成長を見越して採用を増やしていましたが、その見込みがはずれ、ＥＣ部門でリストラすることになったのです。

また、２０１６年から２０１７年にかけて買収したＤ２Ｃ、メンズアパレルのボノボス（Bonobos）、スポーツ用品のムースジョー（Moosejaw）を２０２３年に売却しました。

買収した当時、アマゾンにはないブランドであり、アパレル系であれば既存のウォルマートの商品との併買も見込めるとして注目を集めましたが、ボノボスの場合、３００億円で買収したものを75億円で売却するかたちになりました。

ブランド価値が重要とされるＤ２Ｃと、ウォルマートのブランドとは相性があまりよくなかったというのと、ＤＣ在庫による出荷が基本のＤ２Ｃブランドと店舗機能を活用した出荷にシフトしてきている同社EC（Walmart.com）とでは戦略的にも合わなくなってきたということでしょう。

戦略的に合わないものは早めに切り離し、投資を回収して現金化し、他の投資に充《あ》てる。いたってまっとうな考え方だと思います。


ウォルマートが創業から物流に注力してきたことは、多くの人が知るところです。

創業者のサム・ウォルトンは、商圏の小さいところに出店した店にはメーカーも卸も商品を配送してくれない現実に直面し、どうすれば効率よく調達できるかを自身で考え、自らトラックを運転して買付けに行くなどし、なんとかビジネスを軌道に乗せました。身をもって、物流の重要性を体験してきたわけです。

以降、同社の歴代トップは物流畑を歩んできており、現CEOのダグ・マクミロンは、インターンシップとして同社の物流部門で働いたことが原点になっています。

ウォルマートは、全米にスーパーセンターという大規模店、ネイバーフッドマーケット（Neighborhood Market）という食品スーパーと合わせて4616店舗、コストコ（Costco）に近い業態の会員制サムズクラブ（Sam's Club）599店舗を展開（202

３年10月時点）。この全米に広がる店舗ネットワークと強みに、ウォルマートの店舗から16km以内で、全米人口の９割以上をカバーしています。３０００以上の店舗では、ＥＣからの注文の出荷にも対応し、16万以上のアイテムを配送。店舗受取（ＢＯＰＩＳ）やカーブサイド・ピックアップ[5]への対応も可能になっています。

２０２２年の売上高は北米だけで５０００億ドル近く（ＥＣ売上は８００億ドル以上）あり、もちろん全米№１の実績ですが、アマゾンの猛追は激しく、同社の２０２２年の売上高は３５００億ドル目前まで迫ってきています。

そうしたこともあり、ウォルマートでは、大きく成長戦略を転換してきています。

同社では現在、従来からの小売事業（Ｂ２Ｃ）、マーケットプレイスや物流代行による卸事業（Ｂ２Ｂ）を行っています。それぞれの粗利率は、Ｂ２Ｃが24・１％、Ｂ２Ｂが70～80％となっており、５年後には、Ｂ２ＢがＢ２Ｃの利益を上回るという戦略目標があります。

【５】ＥＣでの注文を、店舗の駐車場で受け取れるサービス

投資については、新店を抑え、EC／IT／サプライチェーンへの投資を大きく増やしてきています。2021年の新店は135店舗に対し、2022年はわずかに33店舗。EC／IT／サプライチェーンへの投資は、2021年7200億ドルに対し、2022年は9200億ドルまで増額させました。

投資対象のキーワードの1つが物流の自動化です。2026年までに、店舗の65％への納品は自働化されたDC（在庫型センター）がカバーし、FCから出荷するもののうち55％を自動化されたFCから行い、1ケース当たりの物流コストを現在から20％改善するという目標をかかげています。

店舗配送用の物流拠点としてのDCは、スーパーセンター／ネイバーフッドマーケット用に163カ所、サムズクラブ用として29カ所、合計192カ所（2023年1月末）あります。シンボティック（Symbotic）社の技術を採用し、AI（人工知能）とロボティクスを活用したDCの自動化を図っており、2023年、ウォルマートが同社の株式62・2％を取得しました。

また、EC向けの物流設備としては従来型のFCが31カ所、オーストリアに本拠を置くクナップ（Knapp）社と提携して開発した次世代FCも2カ所（イリノイ州ジョリエットＦＣ〈約3万900坪〉、インディアナ州マコーズビルＦＣ〈約6万坪〉）で稼働。さらに２０２３年秋にテキサス州でランカスターＦＣ、２０２４年にペンシルバニア州でグリーンキャッスルＦＣが稼働する予定になっています。

こうしたＥＣ向けの物流設備の拡充と合わせるように、アプリのＵＩ（ユーザーインターフェース）を改善させました。２億アイテム以上あるアパレル、５８００万アイテム超のホーム用品（日用品・雑貨など）の売場の見栄えや検索性が向上しました。また、マーケットプレイスでの取り扱い商品も、この１年で３０００万ＳＫＵを増やし、トータルで４億ＳＫＵ（２０２３年春時点）を超えました。

クナップ社と開発した次世代ＦＣは、ＡＩにより荷受けから発送までに必要とされていた12の作業が5つのステップ（荷下ろし〈Unload〉、荷受け〈Receive〉、ピッキング〈Pick〉、梱包〈Pack〉、発送〈Ship〉）に圧縮され、倉庫の保管能力も倍増されるという完全自動倉庫です。既存の31カ所のＦＣを合わせると2日以内の配送で全米人口の95％をカバーでき、最終的に当日配送80％をカバーするという、かなり高い配送レベルになるようです。

さらに、売場スタッフによる店内ピックアップに代わるものとして、店舗スペースを活用したMFC[6](Micro Fulfillment Center)の設置も始まっています。

アラート・イノベーション(Alert Innovation)社の「アルファボットシステム(Alphabot System)」による水平、上下にも移動できる搬送ロボットが、保管から搬送、仕分け、ピッキングのすべてを行う統合型の倉庫で、常温・冷蔵・冷凍に対応し、出荷までのスピードが大きく改善されるといわれています。2023年5月に、ウォルマート本社(ベントンビル)から約500mのところにあるスーパーセンターに2カ所目の倉庫が設置されました。

このアラート・イノベーション社も、ウォルマートが株式100%を取得しました。

ウォルマートでは「2040年までに排気ガスをゼロにする」環境目標を掲げていますが、それに基づき、2017年創業のカヌー(CANOO)社に4500台の電気トラック(LDV:ライフスタイル・デリバリー・ヴィークル)を発注しています。小型車と同じ全長で積載容量3・4㎥の7人乗りで、2023年からの稼働が計画されています。今後、最大1万台まで購入可能なオプション契約も結んでいます。

システムの外販も積極的に展開しています。

B2Bの利益が、B2Cを上回るための重要施策です。

その1つ、「ストアアシスト（Store Assist）」は、ウォルマートECの購入商品を従業員が店内でピックするためのシステムを外販用にしたもの。注文明細表示→ロケーション表示→バーコードスキャン→完了後、自動的に、顧客に通知する仕組みで、店舗やカーブサイドでの受け渡しもサポート可能になっています。

ウォルマートの物流機能を他社に開放したサービス「ウォルマート・ゴー・ローカル（Walmart GoLocal）」もあります。

同社の従業員が、サービス利用店舗に商品を取りに行き、配送を行うというもので、同社としては、物流部門の配送密度を上げることで全体のコストを引き下げる狙いもあります。もともと同社の物流は競争力がありますから、コストを下げる試みに

【6】マイクロ・フルフィルメントセンターと読む。MFCとは、ECでの受注に対応するために、店舗内や近隣に設置された小型物流施設のこと。

より、さらなる利益を生み出していくことができるでしょう。

ウォルマート・ゴー・ローカルは、自社ではネットワークを組めない地元のパン屋さんのようなところから、サイズの大きなものの配送が必要になる自転車用品まで、あらゆる小売が対象になりますが、最初の顧客は世界最大のホームセンター、ホーム・デポ（Home Depo）でした。

ウォルマートにはアマゾンプライムのように、会費を払うと、送料が安くなるというサービスプログラムもあります。「ウォルマートプラス（Walmart+）」というサービスで、月12・95ドルまたは年98ドルでさまざまな特典を利用することができます。アマゾンよりウォルマートのほうが価格の安いものも多く、「アマゾンプライム（Amazon Prime）」（月14・99ドルまたは年139ドル）よりコストパフォーマンスがいいということから、ウォルマートプラスに乗り換える人も出てきているようです。

アマゾンにはない4000以上の店舗拠点という強みをもつウォルマートが、今後、どういう配送ネットワークを組み立て、どこまで優位性を保つことができるか。そこが、「ウォルマートプラス」と「アマゾンプライム」の勝敗の分かれ目になってくるかもしれません。

図3-2 ウォルマートビジネスプラス概要

年会費	**98ドル**（税別）
アイテム数	**10万アイテム以上**
送料	**無料**（最低購入額なし）
その他特典	**・35ドル以上の購入で、店舗ピックアップまたは店舗からの無料配送** **・250ドル以上の購入で2%の値引き**（リワード） **・サブスクリプション商品対象アイテム5%割引**

２０２３年１月、ウォルマートは、新たなサービス体系として年会費98ドルの「ウォルマートビジネスプラス（Walmart Business＋）」を発表しました（図3−2）。10万アイテム以上の商品を対象に無料配送（最低購入額なし）、35ドル以上の購入で店舗ピックアップまたは店舗からの無料配送、２５０ドル以上の購入で２％のリワード（値引き）、サブスクリプション商品対象アイテム５％割引といった特典があります。

ウォルマートのＢ２Ｂといえば、好調に広告売上を伸ばしている「ウォルマート・コネクト（Walmart Connect）」と呼ばれるリテールメディア事業[7]に注目が集まりますが、これらのように物流サービスを軸にしたものも少なくありません。

どのようにして、「シーイン」は3兆円企業に急成長したのか?

この章の最後に、米国企業ではありませんが、3兆円を超える売上のほとんどを米国内で稼いでいる企業を取り上げたいと思います。

ファストファッションを手掛けるオンライン小売り大手シーイン(SHEIN/米国人の発音だとシェインに聞こえます)です。中国発の企業ですが、現在、本社をシンガポールに移しています。

2022年の売上高は290億ドル(日本円で3兆円以上)、純利益は10億ドル(同1000億円超)。ちなみに、ユニクロを展開するファーストリテイリングの売上は2兆7665億円、当期利益2962億円(2023年8月期)です。

米国内では、このシーインがいつ米国で上場するかに注目が集まっており、まもなく上場すると言われています。

シーインは3000万人近いインスタグラムのフォロワー(2023年7月時点で

2945万人）を抱え、ティックトックやユーチューブでも注目度の高いブランドです。

同社の特徴に、圧倒的なアイテム数と、低価格があります。

毎日3000〜5000点が新たに追加され、2022年5月31日には1日だけで、2万5077点もの新規アイテムが投入されました。ファストファッションで世界No.1のザラでさえ年間で2万5000点の新規投入がせいぜいですから、シーインのアイテム数がどれだけのボリュームになっているのか、よくわかると思います。

また、日本円換算で2000円以下の商品が9割近く、3000円以下になるとほとんどすべての商品が含まれるとも言われています。

こうした圧倒的なアイテム数、低価格での販売を可能にしているのが、オンデマンドでの生産を実現するシステムです。リアルタイムで全製造過程を連携できるITシステム（MES：Manufacturing Execution System、製造実行システム）によってサプラ

【7】小売企業が保有する顧客データを活用した広告配信の仕組みのこと。

イヤーをつなぎ、在庫を極限までに削減することを可能にしています。
デザインから生産までの流れをおおまかに説明すると、

●アプリやその他のチャネルからトレンドや顧客ニーズを収集し、AIなどで分析。それらをもとにサプライヤー所属のデザイナーがデザイン案を作成
●シーインのバイヤーにデザイン案の画像を送り、OKが出ればサンプル作成にとりかかる
●サンプルの完成までに2、3回の修正指示が入るのが通常で、正式なオーダーが入ったら3日以内に納品（5日以上かかると取引停止の可能性がある。追加注文が入った場合は9日以内に納品）

という具合になります。

デザインから生産完了までに14日が標準（最短3日でも可能と言われています）。相当に速いと言われるザラの場合でさえ、最短21日ですから、製品化までのスピードも圧倒的です（図3-3）。

図3-3 ザラとシーインの製造プロセス比較

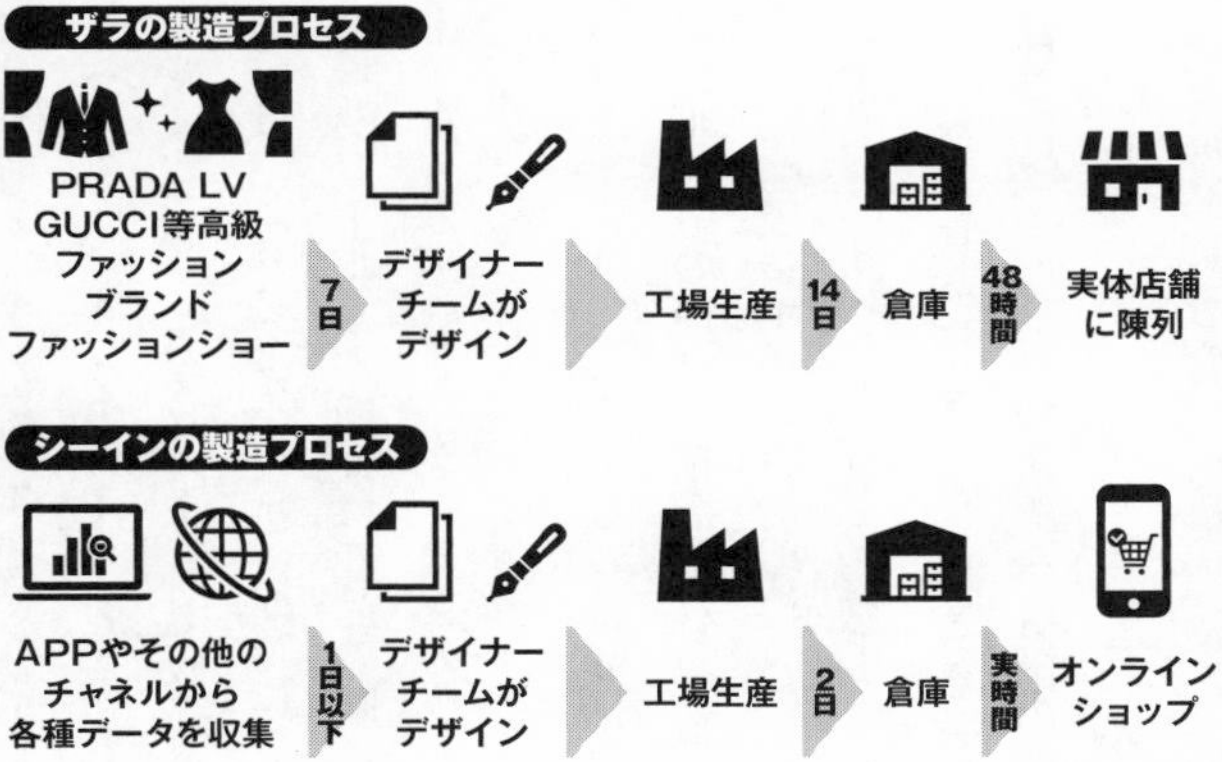

出所：星海情報局

こうしたスピーディな製造プロセスを支えているのが、独自のサプライヤーネットワークです。

300～400のコアサプライヤー、1000を超える協力サプライヤーで構成されており、車で1時間の範囲内にサプライヤーの工場を集約しています。

納品からサプライヤーへの支払いまでが早いことも特徴で、納品から90日というところが多いなか、同社の場合、30日で支払われます。サプライヤーはシーインから当座の運転資金の借り入れもでき、シーイン以外で同じ製品を販売することも可能です。

現在、中国に2カ所（広州佛山、南沙）、

米国に3カ所（アイダホ、オレゴンポートランド、カリフォルニア）、ヨーロッパ（ベルギー）に1カ所、インドに1カ所、それぞれ物流センターを展開し、約220以上の国と地域（2022年3月時点）で販売可能な体制を構築しています。

日本では、2022年東京・原宿にショールーム「SHEIN TOKYO」をオープンしました。ショールーム内では商品の購入はできませんが、展示商品は、商品タグのQRコードを読み込むと、シーインのウェブサイトおよび公式アプリで購入可能です。


アパレル業界は、これまでの原材料の調達、製造プロセス、在庫処理などから、サステナブル対応の遅れが指摘される業界です。それらに対し、同社では、2022年12月5日に、製造工場の労働環境改善のために今後3~4年で1500万ドルを投資し、4年以内に300カ所の改善プロジェクトを完了させると発表しました。

また、「SHEIN's Responsible Sourcing」（責任ある調達）プログラムを立ち上げ、国際労働機関（ILO）の条約や各国の法令条例に沿って生産現場の状況を監査する「シーイン行動綱領」を遵守する合意を全サプライヤーと締結。さらにサプライヤーの事業、従業員教育、労働環境の改善などをサポートする、「SHEIN Supplier

Community Empowerment Program」（SCEP）もスタートさせています。

こうしたサステナブルへの対応も、米国上場を目指す同社には、早めにクリアしておきたい課題なのでしょうか。

第4章 人口減少時代の成長戦略「コープさっぽろ」と「セイコーマート」

「物流難」の環境が生んだ独自の進化

北海道は面積が広く、他の地域に比べ人口集積度が低いエリアです。全人口の約6割が札幌を中心とする道央圏に集中し、それ以外の地方の過疎化が著しく、道内の限界集落は1000カ所を超えていることから、どちらかといえば、日本というよりも米国に近い物流環境にあるといえます。

しかし、そうした状況があるにもかかわらず、現在の北海道には、フードデザート(食の砂漠)が事実上、存在しないと言われています。それは、小売事業者が自前の物流体制を構築しているからです。広大で人口密度の低い北海道では効率的な運搬が難しいため、物流を専門とする事業者はなかなか採算がとれません。

一方で、その難しさを参入障壁と捉えることもできます。つまり、小売事業者が自前の物流体制を構築できれば、自社にとって有利な戦いを展開できるのです。

実は、そう考えて実行している事業者があります。

その代表が、宅配システム「トドック」を展開する生活協同組合コープさっぽろ

（以下、コープさっぽろ）であり、コンビニエンスストア「セイコーマート」を全道でくまなく展開するセコマです。

もちろん、北海道外での事業活動に制約のあるコープさっぽろと、自らの経営判断から道外での店舗展開をあえて拡大しなかったセコマとでは、その戦い方に違いはあります。しかし、いずれも物流を強みに、道民の生活になくてはならない存在として、厚い支持を獲得してきました。「コープさっぽろ」と「セイコーマート」がどのような考えで現在のような物流体制を構築し、道内での確固たる地位を築くことができたのか、これから詳しく見ていきたいと思います。

北海道は国内の他の地域に比べて、少子高齢化がいち早く進行しています。北海道の事例を学ぶことで、人口減少が進む地域で事業展開する企業も、効率的な物流で生き残るヒントが見つかるかもしれません。

北海道のインフラ基盤「コープさっぽろ」の実力

コープさっぽろは、人口減少がいち早く進む北海道において、〝打倒アマゾン〟を掲げて、先行的に物流基盤を築き、利用を大きく伸ばしている生協です。

1965年7月に設立され、現在、従業員数は約1万5000名（2023年3月20日現在、正規職員2464名、契約職員2179名、パート1万16名）。

組合員数は約200万人、仮に組合員数をそのまま世帯数に置き換えたら、北海道内の約80％の世帯がコープさっぽろを利用していることになります（道内の世帯数は約247万世帯）。しかも、現在も組合員数は年間5万人ペースで増えていると言いますから、ますます、北海道民の生活に切っても切れない存在になってきています。

売上高は3140億円（2022年度）[8]。そのうち、店舗事業による店舗供給高が1912億円、宅配システム「トドック」による宅配供給高が1119億円あります。店舗供給高は生協内で最大、宅配はコープみらい、ユーコープ、コープこうべに次ぐ規模になっています。

売上高の6割以上を占める店舗事業は、20年のコロナ感染拡大で売上高が大きく伸長し、それ以降2年間は横ばい、電気代の大きな値上げ影響もあり、21年からは剰余では後退しました。2023年は103・5％と復調しています。AIによる自動発注やセミセルフレジの導入により生産性アップを図りつつ、今後3～5年をかけて、年間2～3店舗のスクラップ&ビルドを進めていく計画です。

その一方で、良品計画の地域コミュニティセンター構想（食品スーパーに隣接して無印良品の店舗を出店していく）に呼応するかたちで、無印良品との隣接店舗を新規出店（やまはな店など4店舗を出店済み）し、トドックでも商品提供を開始するなど、新たな協業にも力を入れ始めました。

コープさっぽろの宅配事業は、店舗運営をスタートさせた1965年から15年以上経過して始まった「後発事業」です。

そして2006年、宅配システム「トドック」に名称変更しました。「トドック」は導入以来、供給高と登録人数は右肩上がりに推移しており、北海道の総世帯の6軒に1軒に相当する、約46万世帯から利用されています。

【8】生協は、厚労省管轄ではないため、会社が持てない。正確には「総事業高」だが、馴染みがない表現のため売上高とする。

1週あたりの平均利用率は約80％、1件あたりの注文点数は毎回10点程度あり、平均購買単価は約5300円です。

料金はシステム手数料の220円（税込）のみ。しかもサポートサービスにより7割の組合員は無料で商品が届きます。口座引落により宅配時に現金によるやり取りは一切なく、置き配サービスの導入により再配送もゼロになっています。しかも、組合員組織に加入しただけで利用していない、いわゆる〝ゾンビ顧客〟が、コープさっぽろにはほとんどいません。

そのため、週1回の発注を効率よくまとめることができ、定期配送ルートも組みやすくなっています。

さすがに220円のシステム手数料で物流コストをカバーすることは難しいと思いますが、AIを活用した配送ルートの効率化により、トラック1台で1日平均80軒を無理なく回ることが可能で、採算もとりやすい構造になっていると考えられます。

商品の販売価格はアマゾンよりも安く設定されていますが、民間企業の経常利益率に相当するトドック事業の経常剰余率は8・6％と、高いものになっています。

このトドックの宅配の基盤となっているのが、全道51カ所にある宅配センターです。約１３００台の車両が稼働し、センターからほぼ片道1時間圏内で、北海道の隅々まで低コストで配達できる体制を構築しています。

51カ所の宅配センターのうち、41カ所は冷蔵設備があり、残りの10カ所が冷蔵設備のない小型デポです。

トドックの商品は、基幹物流施設の江別《えべつ》物流センターで利用者ごとのピッキングを一括で行い、大型トラックで道内各地の宅配センターに配送、そこから配達車両が利用者宅に届ける流れが基本になっています。

しかし、41カ所の宅配センターで全道に対応しようとすると、もっとも遠い利用者宅までの距離が１００キロを超え、その場合、片道で2時間を要することになってしまいます。

そこで、1時間圏内での配達を可能にするために２０１５年、設置を進めたのがデポ（小型の物流拠点）です。1時間以上かかる遠隔地に冷蔵設備のない小型デポを配置し、デポへジャストインタイムで納品し、そこからラストワンマイルの配達を行う体制も取り入れることになりました。

礼文島《れぶんとう》、利尻島《りしりとう》、奥尻島《おくしりとう》の離島については、例外で、ヤマト運輸と佐川急便に配送を委託しています。

「アマゾンにも負けない」コープさっぽろの強さ

コープさっぽろでは、店舗への配送およびトドックのセンターまでの配送を「北海道ロジサービス」にすべて任せています。

北海道ロジサービスの売上高は138億円（2022年度）。納品先は350店舗、取引先（仕入先を含む）400社、使用車両は750台となっています。

2018年8月、基幹となる物流拠点の江別物流センターに、ノルウェー製の自動倉庫型ピッキングシステム「オートストア（AutoStore）」、搬送支援ロボット「キャリロ（CarriRo）」を導入しました。

オートストアは、ジャングルジムのように立体的に積み上げられた小さなコンテナ（ビン）の中から、ピッキングすべき商品の入ったビンをロボットが掘り起こし、ピッキングを行う作業者の手元まで移動してくれるというもので、同じ床面積に設置された平置き棚の2～3倍の量を収納することが可能。作業者は商品棚を探して歩き回ることなく、商品のピッキングを完了することができます。江別物流センターでは、宅配ドライセットセンター内の２２９坪のスペースに、1万３５９４ビンを積み上げ、70台のロボットが稼働しており、人の6倍の搬送能力を実現しているそうです。

またキャリロは、先頭カートを作業者が手押しすると、３台のカートがその後ろを追従していくというもの（最大7台まで増やすことが可能）で、カルガモロボットと呼ばれています。ロボットを動かすレールや、磁気テープ、２次元コードを床面に設置する必要もなく、稼働までに時間がかからないというメリットもあります。

このオートストアの導入により、取り扱い品目数を従来の4倍（約2万ＳＫＵ）に一気に増やすことが可能になりました。それに合わせ、ドラッグストアで扱う商品にも品揃えを広げていきました。

現在では、食品スーパー（ＳＭ）＋ドラッグストア（ＤＧＳ）に匹敵する2万５０００ＳＫＵまで拡大しており、「トドック」の品揃えだけで、日常生活回りはすべてカバーできます。

搬送支援ロボット「CarriRo」。先頭のカートを手押しすると、その後ろをカートがついてくる（筆者撮影）。

北海道ロジサービスでは、これらの導入実績を踏まえ、物流ロボットの外部への販売およびメンテナンスも事業として展開。北海道内でドラッグストア約２００店舗を展開、共同仕入れ会社も設立しているサツドラホールディングスや良品計画の道内での物流を請け負う３ＰＬ事業なども行っています。

また物流ＤＸへの取り組みも積極的に進めています。ツナグテ（ＴＳＵＮＡＧＵＴＥ）の伝票運用効率化サービス「テレサデリバリー（telesa-delivery）」を用い、荷物の受け渡し時に、本システムから印刷された納品伝票に記載されたＱＲコードをスマホアプリで読み込むと、リアルタイムで製・配・販・

輸送の関係者全員で情報の共有ができるという取り組みは、公益社団法人日本ロジスティクスシステム協会が主催する2022年度「ロジスティクス大賞」を受賞しました。

メーカー400社、卸8社、運送事業社約20社を連携したもので、それにより、トラックの待機時間をそれまでの60分から30分まで半減させることになりました。

コープさっぽろの「少子高齢化」生き残り戦略

コープさっぽろは、2019年2月に、当面の目標として売上高4000億円超の計画を公表しています。

店舗事業を2019年度比で約130％（1833億8500万円から2412億6050万円へ）、宅配のトドックについては、2019年度比で135％以上（890・9億円から1200億円へ）に成長させるというもので、そのため北海道ロジサービスを中心に今後5年間に100億円以上の投資を行います。

詳細は明らかにされてはいませんが、2022〜2024年度には3年間で100

億円強を投資し、江別物流センターのD棟（宅配低温&店舗生鮮センター）に、2024年初旬完成予定で、宅配用ピッキングセンターを併設した5000パレットに対応する大型冷凍冷蔵庫を建設しています（総工費47億円）。

この開設により、冷凍食品を1500SKUまで増やすことができ、入荷から店舗配送、宅配がほぼ完全に自前で運用可能になると言われています。

北海道は日本国内の他の地域に比べて、少子高齢化がいち早く進展しています。2021年の時点で、コープさっぽろの組合員の年齢構成は、「30代以下」が10%強、「40代」が15%、「50代」が17%、「60代以上」が60%以上。計画通りトドックの売上を2倍に増やすとすれば、10分で調理が完了するミールキットや、より安心・安全な商品の提供により、20・30代の共働き（就学前の）子育て世代をしっかり取り込む必要があるでしょう。

そのための施策としてスマホアプリの機能改善を図っています。

2023年8月から、宅配の商品カタログ、注文書、請求書などのすべてを電子化し、宅配利用をアプリ上で完結できる体制を整備。店舗、宅配の双方で利用でき、組合員証にもなり、各サービスの注文履歴や総ポイント数の確認、独自の電子マネー「ちょこっと」での支払いも可能になりました。

「アプリ比率を30％以上にしたい」と、同組合では考えています。

コープさっぽろでは、店舗販売、宅配事業のトドック以外の事業も展開しています。移動販売の「おまかせ便カケル」は、96台（1店舗1～2台）の移動販売車両を使って、各店舗を拠点に週5日、週1～2回で運行しています。

約1000商品を移動販売車に積み込み、1コースあたりの停留カ所数は15～30カ所（それぞれ10分程度の滞在）、各コース週1～2回、同じコースを同じ時間に回ります。遅くとも午前11時までには出発し午後5時頃を目途に帰店。1台当たり平均供給9万円強（客単価2500円×40名前後）ですが、売れ残りの商品があっても午後5時に帰店すれば、店舗での見切り品販売にも間にあいますから、移動販売での売れ残り＝商品廃棄とはならない、というのも、よく考えられた仕組みだと思います。

この移動販売は、札幌市内でもテスト運行を実施。都市部でも買い物困難な地域があり、思った以上にニーズがあることもわかり、7台、21コースで本格運行もスタートしています。

さらに地域との関わりある事業としては、「栄養士がつくる献立を用意できる民間業者に学校給食を委託することが可能」というスクールランチ制度に基づき、2021年9月から、道内6カ所の自社工場でつくった料理を週1〜6回届けるという夕食宅配サービス（年間188万食の利用）での実績を生かしたスクールランチ事業を受託しています。

2023年10月、北海道内で複数の食品スーパー企業を運営するアークスグループとアマゾンが連携し、最短2時間での配送を可能にするネットスーパーを運営していくことを発表しました。

アマゾン進出による危機感を感じ取ってこの10年近くの間、物流を磨きあげてきたコープさっぽろ。このアークスとアマゾンの連携をどういう立ち位置から見ていくことになるのでしょうか。

地域密着型コンビニ「セイコーマート」が熱烈に支持される理由

北海道は人口10万人あたりのCVS（コンビニエンスストア）店舗数が全国の都道府県でもっとも多いところです（図4-1参照）。言い換えると、それだけコンビニに頼っている人が多い、ということにもなります。

ただし、1位の北海道、2位の山梨県と、3位の東京都ではそれぞれ事情が異なります。北海道は広大な面積の中でコンビニも人も点在し、山梨県は山地部分がほとんど（9割近くが山地面積）を占め、限られた生活圏にコンビニが集中しているのに対し、東京都の場合はほぼ平地ですから、どこに行っても少し歩けばコンビニは選び放題です。生活の中でのコンビニの重要度（コンビニがないと生活に影響が出るところと、日常の利便性を高めているところ）が違うのです。

ご存じの方も多いと思いますが、北海道のコンビニと言えば、セコマグループが展開する「セイコーマート」です。老舗《しにせ》酒類卸丸ヨ西尾の社員だった赤尾昭彦氏が、規

図4-1 都道府県別10万人あたりのコンビニ店舗数

順位	都道府県	店舗数	増減率
1	北海道	57.3	33%
2	山梨県	56.5	41%
3	東京都	54.5	44%
4	宮城県	51.3	42%
5	茨城県	50.7	50%
6	福島県	49.5	48%
7	青森県	49.2	2.5倍
8	秋田県	48.3	2.2倍
9	愛知県	48.1	2倍
10	栃木県	47.9	55%

※国勢調査とコンビニ9社チェーンの公表資料、取材を基に集計。店舗数は20年時点で小数点第2位を四捨五入。増減率は10年と比べた。

制職種として守られていた、得意先の酒店を近代化し存続させる支援策として立ち上げたもので、1971年8月に出店した「コンビニエンスストアはぎなか」がその1号店です。セブン-イレブンの1号店、豊洲店の出店（1974年5月）より3年も早いことになります。

このセイコーマートと、大手コンビニ3社とを比較したのが図4-2です。

これを見れば、いかにセイコーマートが北海道に集中しているか、よくわかると思います。北海道内だけで見れば、もっとも店舗数の多いコンビニがセイコーマートであり、人口減少が急速に進む北

図4-2 大手コンビニ3社＋セイコーマートの比較

	売上（億円）	営業総収入（億円）	店舗数	北海道店舗数
セブン-イレブン（202303期）	51,487	全体8,727	国内21,402	1,000▶996（22/5▶23/9末）
ファミリーマート（202303期）	29,575	4,614	国内16,524	239（2023年8月末）
ローソン（202303期）	25,454	9,886	国内14,631	679（2023年2月末）
セコマ（2023）	店舗公表売上 2,005（2022年1-12月）	非公表	1,084（2022年12月末）	1,180▶1,187（22/12末▶23/12末）

出典：『月刊ネット販売』2022年10月号　「第22回ネット販売白書」

海道にあっては、業界トップのセブン－イレブンでさえ、店舗数を減少させているのに対し、セイコーマートは店舗数を増やしてきています。

このあたりを含め、セイコーマートと、大手コンビニとの間には、同じコンビニ業態でありながら、店舗展開や運営方法の考え方に大きな違いがあります。

まず、出店に対する考え方ですが、大手は、出店エリアを全国に拡大することで成長を図ってきました。それに対し、セイコーマートの場合、一部、本州にも店舗がありますが、北海道内で店舗網の拡大を進めています。

セブン‐イレブンは、出店エリアへの商品供給体制を整えてから一気に店舗展開を図るドミナント出店を徹底していますから、出店開始までに時間がかかるものの、いったん出店を決めれば、店舗は面の状態で増えていきます。

一方、セイコーマートの場合は、北海道内をくまなく、という印象があります。

２０２３年８月、大手３社のなかで、北海道への進出がもっとも早かったローソンが、北海道の北端に近い稚内《わっかない》に２店舗を出店したことが話題になりました。実は、セイコーマートは、すでに、１９９３年の時点で稚内市に店舗を構えていました。

セイコーマートの場合、採算がとれなさそうな立地でも、自治体や地域からの要望に応じ出店することがあります。コミュニティバスの待合所の併設とその清掃業務を受託するという条件で出店したり、出店用地を地域住民が買い上げ、住民が用地を紋別市に寄附し、その用地を紋別市が無償でセイコーマートに提供するといったケースもあるそうです。

現在、セコマグループの小売店は、道内１７９市町村中１７５の市町村に出店、道内総人口の99・８％をカバーしています（セブン‐イレブンの場合、１２０市町村）。

またチェーン展開を前提にしながら、現在、フランチャイズ（ＦＣ）の積極的な加盟店募集をせず、直轄店化を進めているというのもセイコーマートならでは、です。

いまのように、日本中どこにでもコンビニがあるような状態になってくると、大手といえども、出店するだけで儲かる時代ではありません。ＦＣ本部は出店が増えればそれだけ収益が増える構造ですが、ＦＣオーナーの場合は違います。売上がしっかり見込め、手元に利益が残らなければ、それ以上の出店拡大は望めません。

特に最近は、どのコンビニチェーンでも、競争が厳しいうえ、店舗スタッフの人手確保の難しさもあり、ＦＣオーナーの利益を削る状況が続いています。それに対し各チェーン本部では、既存のＦＣオーナーに複数店舗の運営を勧めたり（複数店舗を運営すれば、オーナーの利益額は増える傾向にある）、ネットコンビニやデリバリーサービスを利用した宅配サービスのように、店舗側の負担が比較的軽く、売上がオンされるような施策を増やしたり、店舗スタッフの採用をサポートする仕組みを採用するケースが多くなっています。

コンビニを取り巻く環境が、そうした状況に進んでいる中、セイコーマートでは直轄店を増やしています。しかも、コンビニの代名詞ともいえる、24時間営業にはこだわらない店舗です。

同社が「（40％台後半の）直轄店比率を7割に引き上げたい」と宣言をし、積極的にFC加盟店募集をしなくなったのは、2010年7月のことです。

当時は、加盟店と本部との関係性に変化が生まれてきた頃で、セブン‐イレブン・ジャパンにおいて賞味期限切れ間近の商品の値下げ販売の実施を巡り、公正取引委員会が独禁法違反（優越的地位の乱用）で本部に排除措置命令を出したこともありました（2009年6月）。

ではなぜ、セイコーマートは直轄店を目指すのか。

当時の丸谷智保社長（現会長）は、直轄店のメリットとして「本部の商品戦略が各店に行き届きやすくなり、商品配下率が圧倒的に高まる」と話していました。

もう1つ、直轄店には、臨機応変な対応ができるというメリットもあります。このメリットが大きく効果を発揮したのが、2018年9月に発生した北海道胆振《いぶり》東部地震（地震の規模はマグニチュード6・7、最大震度7）のときです。

大規模な土砂崩れや地盤の液状化、「ブラックアウト（全域停電）」など、道内に大きな被害をもたらしたこの地震ですが、大手コンビニが生活のインフラ機能としての役割を果たせない状況にある中、セイコーマートでは、ブラックアウト翌朝から、ガス釜を設置していた店舗でおにぎりを販売。具材がなくなってしまった店では、店舗の判断で、通常メニューにはない〝塩おにぎり〟まで提供していました。

この日、丸谷社長（現会長）は東京にいたそうですが、各店舗での対応を知り、感激していたそうです。

日常生活を支えるコンビニ商品の販売に加え、こうした地域に向き合うさまざまな取り組みなどにより、セイコーマートは〝セブン-イレブンもかなわないコンビニ〟と評されることもあります。

その一例に、例年、サービス産業生産性協議会で実施している「顧客満足度調査」があります。その調査において、セコマは過去12年間中11回、コンビニ部門の1位の評価を獲得しています。

現在、セイコーマートは、現社長の赤尾洋昭氏が打ち出した〝デイリーユース・ストア〟をコンセプトに事業展開を進めています。デイリーユース・ストアとは、

・日々必要な商品をリーズナブルな価格で販売する
・お客さんが買える値段で
・毎日値段を気にせず、美味しく食べられる
・ＥＤＲＰ（エブリデイ・リーズナブル・プライス）

というお店のことです。

では、このデイリーユース・ストアが、どのように利用されているか。２０００年からスタートしたセイコーマートのポイントカードのデータによれば、次のようになっています。

売上の約６割がポイントカード利用者によるものです。アプリ会員の場合、月７回の来店が平均です。なかには年間９７０回来店する（朝、昼、夜、晩酌での利用）熱心なファンもいると言います。

セイコーマートが、そこまで顧客を惹きつけるのはなぜか。そのポイントについて考えていきたいと思います。

同社の魅力の1つに、自社ブランド「Secoma」として展開している商品群があります。同社ではリテールブランドと呼んでいますが、いわゆるプライベートブランド（ＰＢ）です。

同社のＰＢは、他コンビニと比べて古く、スタートは１９９５年。第1号商品はバニラアイスクリームでした。２００６年には、北海道メロン果汁を使用したアイスを発売しています。

セブン-イレブンのＰＢ「セブンプレミアム」が立ち上がったのは２０１１年ですから、かなり早い段階でのＰＢスタートでした。現在、１０００ＳＫＵを展開、タバコを除く、売上の50％以上をこのSecomaブランドが占めています。酒販店支援から生まれた業態ということもあり、直輸入のワイン（60ＳＫＵ前後）は年間４００万本を販売しているそうです。

セイコーマートの店舗展開はほぼ道内限定ですが、この「Secoma」の商品については、道外のチェーン店にも供給しています。

スポットでの提供を含めると、食品スーパーを中心に多数供給しています。

グループ会社の豊富《とよとみ》牛乳公社が生産する牛乳は、各社用の商品名で提供することもありますが、セイコーマートでの販売量（年間約2000万本）を大きく上回る2500万本。クレート（食品流通業界で通い箱として使われているプラスチック容器）を使わず、12本単位で包装し、パレットに積んで届けるため、容器の戻しは不要で、遠方からの依頼も多くなっています。

アイスクリームも年間2200〜2300万個を生産していますが、そのうち外販が3分の1を占めています。

こうした本州向けの外販の売上は、年間77億円（2023年12月期）になっています。

あの北海道胆振東部地震の際、温かいおにぎりの提供を可能にした店内調理「ホットシェフ」も同社の魅力の1つです。

1994年にスタートし、現在、全店の8割で導入（21年1月末時点で、導入店舗約910店舗）。売上額No.1のカツ丼、売上数量No.1のフライドチキン、カレーライス、豚丼、おにぎり、クロワッサンなど常時30種類以上の作りたて商品を展開、年間販売量は6000万食に達しています。

最近では、本社の近くに、広々としたイートインスペースがあるタイプの店舗もありました。

セコマのここがすごい！① 都市部と遠隔地で配送を使い分け

広大な北海道は、札幌周辺のように人口が集中するエリアもあれば、人がまばらな地域もあります。しかし、セイコーマートはどのエリアにもくまなく店舗展開しています。

そうすると、人口の多寡《たか》によって、エリアの物流効率には差がつきそうなものですが、セコマグループは全道をくまなくつなぐ物流ネットワークを構築しています。いったい、どうやっているのでしょうか。

同社では、1997年から2003年にかけて、80億円の投資により、釧路《くしろ》、旭《あさひ》川《かわ》、函館《はこだて》、稚内、札幌《さっぽろ》、帯広《おびひろ》の順に、自前の物流センターを建設していきました。現在、13拠点まで拡大しています。

このうち、釧路は、冷凍、冷蔵、常温に対応するフルラインのセンターです。チルドについては全センターで扱い、保管、仕分け、出荷に対応しています。

配送は、都市部と遠隔地向けで、頻度も含め、使い分けています。

たとえば、都市部では、温度帯別に1日2〜3回の配送。遠隔地向けは、1台のトラックに各カテゴリーの商品を混載し、1日1回の配送です。

冷凍は週3回、チルドは毎日の配送。弁当については「ホットシェフ」を主にしています。

在庫スペースをほとんど持たない、現在、コンビニの主流となっている店舗スタイルと違い、バックヤードを大きくとっています。北海道は他の地域に比べ、地代が安くすむということもあるからでしょう。バックヤードがある分、納品頻度を下げることができます。

配送トラックは240台（グループ会社および、協力会社所有を含む）。グループ会社、セイコーフレッシュフーズがその運用を任されており、走行距離は1日延べ7万キロ。配送ルート数は、札幌便が111ルート、旭川便が25ルート、釧路便が28ルートあります。

セコマのここがすごい！②　驚異の「積載率8割以上」を維持

同社の物流体制には、通常の物流視点からはとても信じられない状態が組み込まれています。常時、積載率8割以上を維持できているというのです。

広い北海道では、片道配送（帰りの便が空荷になる）こそが最大の非効率になります。そこで同社では、自前の物流機能とグループ会社の製造機能を組み合わせてコストを吸収し、北海道全域に散らばる店舗に配送する物流システムを構築しています。

たとえば、このようなイメージです（図4-3）。

札幌物流センターから稚内物流センターに荷物を転送するとします。帰りの便で、その途中にある豊富町の牛乳工場（豊富牛乳公社）で牛乳の集荷を行い、次に北見市の野菜加工工場から漬物やカット野菜を集荷している旭川物流センターに立ち寄り、旭川物流センター旭川配送センターエリア分の牛乳を下ろし、空いたスペースに漬物・カット野菜を積み込み、札幌物流センターに戻ってきます。

また、帯広、稚内、旭川、函館について、ケース単位での出荷はそれぞれのセンタ

図4-3 セイコーマートの「超・効率配送」

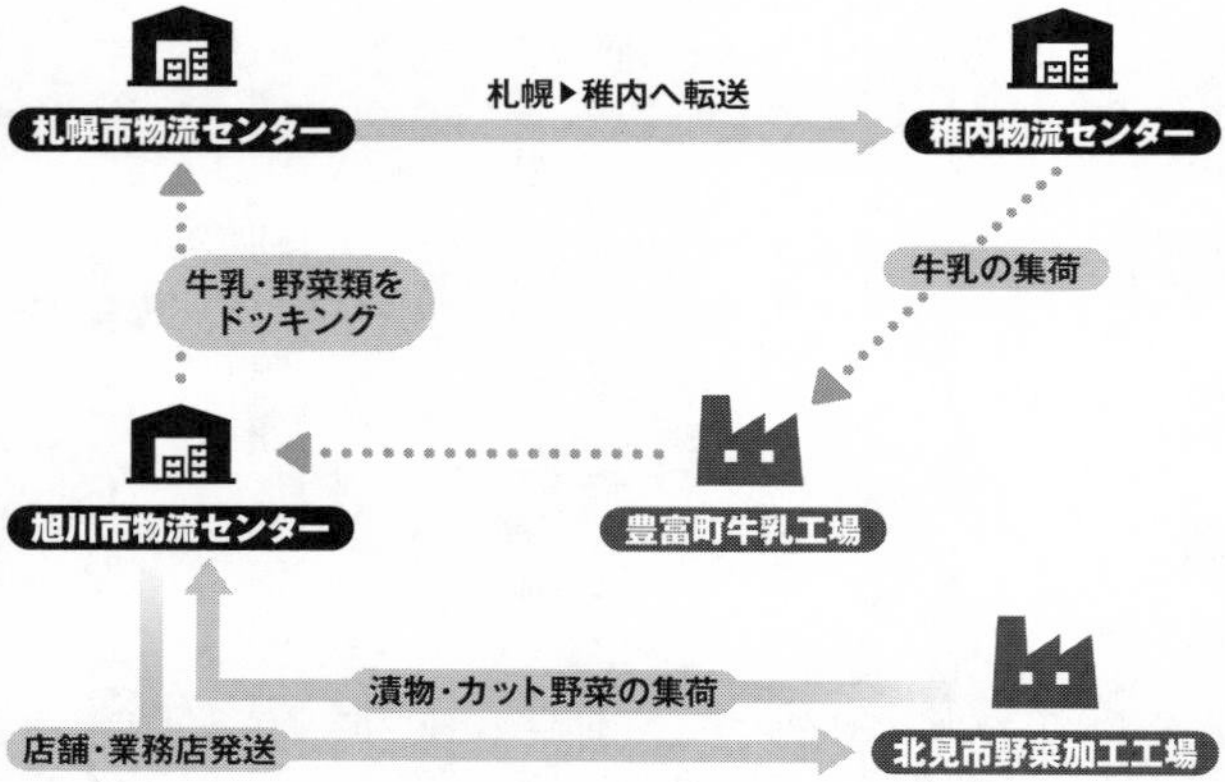

ーに保管してあるものを使用しますが、小口の出荷が必要になる場合は、そのピースを札幌と釧路の配送センターから移動させます。在庫を集中して持つ札幌が、その他センターでの端数の扱いをまとめて処理することで、センター業務の効率化にもつながっていると考えられます。

セコマのここがすごい！③　自社グループ食品工場の運営

そして、最後に商品の供給体制について話しておきます。

セコマでは、道内21カ所に自社グループの食品工場を運営しています。

道東・根室にある北嶺《ほくれい》は、道内６漁港で仲買としてセリに参加することができ、サンマやサケなどを旬の時期に1年分買い付け、主に惣菜や弁当の具材への加工を担っています。

道北の豊富牛乳公社は、１９９６年に資本参加した株式会社で、自社ブランド用の飲用乳（年間約４５００万本）および乳製品を生産するグループの基幹工場。牛乳はＯＥＭ[9]（Original Equipment Manufacturer）として道外のチェーンストアにも供給しています。

規格外品のメロンを原料に、果汁入りアイスクリームをＰＢとして製造していること

【9】メーカーが自社ではないブランドの製品を製造すること。

とについては、先に述べていますが、そのほかにも、地元の農協と協力して規格外品を使った商品の製造を行っています。少量生産からスタートし、徐々に産地を広げていく方針のもとで開発を進めています。

生鮮食品については、同社によれば「収穫から店舗に届くまでのリードタイムを短縮し、鮮度を高め、食品スーパーに負けない価格にできれば、売れることがわかっている」とのこと。これから先、生鮮食品の品揃えの拡大にも手を広げていくことが十分に予想できます。

北海道に限ったことではありませんが、今後、少子高齢化が進むと、わずかな距離でも、荷物を抱えての移動が苦になる人が増えてきます。

そうした時代になればなるほど、〝デイリーユース・ストア〟をコンセプトとするセイコーマートは、地域の生活に欠かせない存在となっていくのでしょう。

第5章

物流危機でも攻めの経営
「アスクル」の勝算

市場拡大を狙う「アスクルが描く未来予想図」

スタートアップ企業や新規事業を立ち上げる会社が、事前に意識しておくべき指標をご存じでしょうか？

それは、「TAM」「SAM」「SOM」の3つです。

1つは、TAM（Total Available Market）。これは、ある事業が獲得できる可能性がある全体の市場規模のこと。ざっくりと言うと、「そのマーケットでは、年間でどれくらいのお金が動くのか」、市場全体の規模感を表す指標です。

2つ目のSAM（Serviceable Available Market）は、ある事業が獲得しうる最大の市場規模のことです。TAMのうち、「自社は最大でどれくらいの顧客にアプローチできる可能性があるのか」という指標です。

そして3つ目のSOM（Serviceable Obtainable Market）は、ある事業が獲得し得る実際の市場規模のことです。自社の事業が、実際にアプローチできる顧客の市場規模を表わす指標です。

いずれも、「市場において自社の事業が生み出すと想定される利益」を把握するために用いられる指標です。活用することで、新たな市場・事業の全体像および成長可能性などを客観的な数値で見積もることが可能になります。

事務所・一般向け通販大手のアスクルは、売上高４４００億円（連結）を超える規模の会社で、２年後の中期目標で５５００億円まで拡大する計画を立てています。

その実現のために同社では、現状の「オフィス用品のアスクル」から、「すべての仕事場のアスクル」へ、対象とする市場規模の拡大を試みています。つまり、「ＴＡＭ」の拡大を狙っているのです。

物流危機により、売上の維持どころか減少が見込まれる企業が多い中、なぜアスクルは強気な戦略を立てることができるのか？　勝算はどこにあるのでしょう。

その秘密を探るために、まずはアスクルのビジネスモデルの歴史を振り返ります。

20年で売上を4倍にしたアスクルの「ビジネスモデル」

アスクルは1993年3月、大手文具メーカー、プラスの新規事業として、オフィス用品を「明日お届けする」（明日来る、アスクル）ことをコミットした通販事業としてスタートしました。今では、オフィス用品のみならず、あらゆる仕事場の必需品とサービスを提供する企業へと、拡大・成長を遂げました（主要カテゴリーは、OA・PC用品、事務用品、生活用品、家具、MRO〈企業が調達する備品や消耗品〉、メディカルなど）。2023年3月には、創業30年を迎えました。

現在、創業時からのB2B事業である「ASKUL」を中心に、2012年にはヤフー（現LINEヤフー）との協業により立ち上げたB2C事業の「LOHACO」（ロハコ）、自前の物流機能を活用して物流代行を行うロジスティクス事業を展開しています。

2023年5月期は4467億円を売上げました。B2C事業の「LOHACO通期黒字化」を実現し、売上高・利益ともに過去最高を更新。

ＡＳＫＵＬの顧客は５２０万件の登録があり、まだまだ右肩上がりで増えています。一方、ＬＯＨＡＣＯの累計利用者は約１１００万人まで増えてきました。

この20年で、売上高は約４倍。アマゾンやＺＯＺＯに比べれば派手な拡大ではありませんが、２０２５年５月期に売上高５５００億円（連結）、営業利益率５・０％を目標とする中期経営計画の達成に向けて、いまだ成長を続けています。

では、同社は実際にどんなサービスを展開してきたのか。簡単に確認しましょう。

創業時は、カタログに掲載された商品のＦＡＸ受付による24時間受注。ＦＡＸ―ＯＣＲで注文内容を自動で読み取り、翌日には顧客に商品を届けるという仕組みでした。インターネットによる受注開始は１９９７年です。

２００３年に、アスクルの利用企業が社内の注文を１カ所でまとめ、部門ごとの決済、与信、発注枠を管理できる電子購買システム（アスクルアリーナ。現在のソロエルアリーナ）の提供を開始。

２０１０年にはインターネット受注が６割を超えました。また、同年には企業の最適購買をサポートするアルファパーチェスを買収。卸機能の強化を図り、２０１２年に消費者向けECとしてLOHACOを立ち上げました。

2022年からは、ウェブのオープン化に取り組み、その都度、ソロエルアリーナの注文サイトに入らなくとも、検索エンジンの検索結果から購入できるように順次切り替えはじめました。

一般的な通販は、売り手と買い手を直接つなぐダイレクトモデルです。しかしアスクルの場合は、少し特徴的なものになっています。

注文、問い合わせ、商品の発送、カタログの発送、請求書発行代行等は、アスクルと買い手（顧客）との間で直接行われますが、商品売買は顧客とエージェントの間に成立していて、請求、商品代金の回収、顧客の開拓については、エージェントと呼ばれる担当販売店が担う仕組みです。エージェントは、担当している顧客の購入に応じてエージェントとしての購入代金をアスクルに支払い、顧客から回収した購入代金との差分がエージェントの収益となります。顧客に対する与信管理はエージェントが担い、アスクルとしては顧客の焦げ付きのリスクを回避することができます。

また、メーカーは製造、アスクルは在庫管理と配送、エージェントは顧客開拓と与信管理というように、それぞれの役割を明確にしているというのも、このアスクルの

図5-1 アスクルの「エージェントモデル（与信と開拓）」

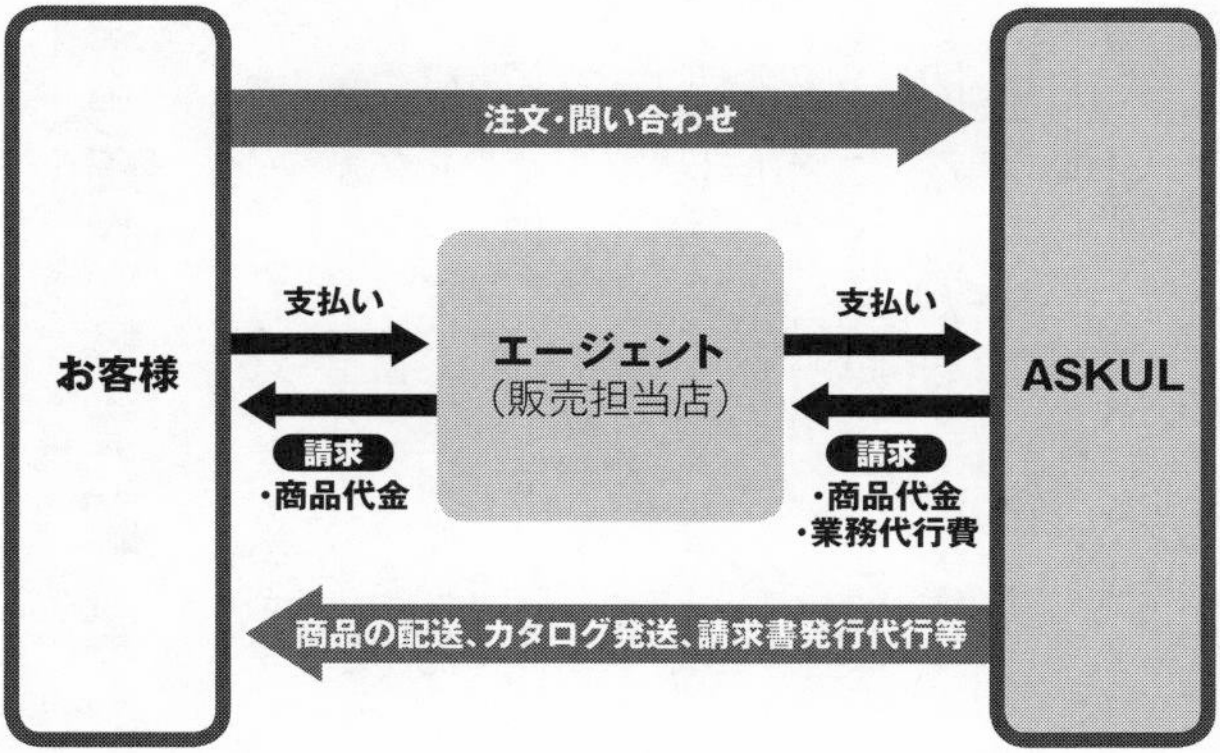

エージェントモデルの特徴といえます（図5-1）。

いまのところ、サプライヤー1254社、エージェント1154社により、エージェントモデルが機能しています。

現在の利用はインターネット経由が増えていますが、創業時のモデルであるカタログ通販のスタイルも継続しており、本カタログ（3万4000アイテム掲載）、衛生・介護用品カタログ（5900アイテム掲載）、医療機関向けのプロメディカル（9300アイテム掲載）を発行しています。

創業者、岩田氏が考えた「物流ファースト」の原点

いまでこそ、通販で買ったものが翌日には届くことはそんなに珍しいことではありませんが、アスクルが「明日くる」をコミットした当時は画期的なことでした。

現在主流のECも注文は24時間可能でも、その商品がいつ届くのかがわかるようになるまでには時間がかかりました（物流を宅配会社に任せているので、自社で把握できるEC事業者が少なかった）。

アスクルでは創業時から「物流を武器にする」という考えがありました。

創業者の岩田彰一郎氏は、プラスに入社する前は、日用品大手のライオンに勤めていました。そこでは、常々こう思っていたそうです。

「商品では（花王に）負けていないのに、ロジ（物流）で負けている。だからいつまでも2番手なんだ」と。

そうした実体験からアスクル事業を立ち上げる際、花王の物流をよく知る人と徹底的に議論したと言われています。

アマゾンがウォルマートから物流担当者を引き抜いて、ウォルマートの物流をまねることで物流の土台を築いていった、という話にも通じるものがあります。もっとも、アマゾンのケースは、アスクルの事例よりも後になってのことです。

アスクルには自前物流の拠点となる物流センターが全国に10カ所あります。B2B事業（ASKUL）のみを行うところがASKUL東京DCを含む8センター、B2B事業とB2C事業（LOHACO）の両方に対応するAVC（ASKUL Value Center）関西の1センター、B2C事業のみのAVC日高、海外から入ってくるオリジナル製品の荷捌《さば》きおよび3PL事業を担うASKUL三芳センターです（図5-2）。

このほか、ケース単位の出荷に送り先シールを貼って配送する「オープンデポ」と呼んでいる拠点もありますが、こちらについてのみ外注をしています。

ASKUL東京DCは2022年に立ち上げられた、最新のB2B専用センターです。設備投資額約105億円、地上5階建て、延床面積約5万6000㎡で、出荷能

図5-2 アスクルの物流拠点

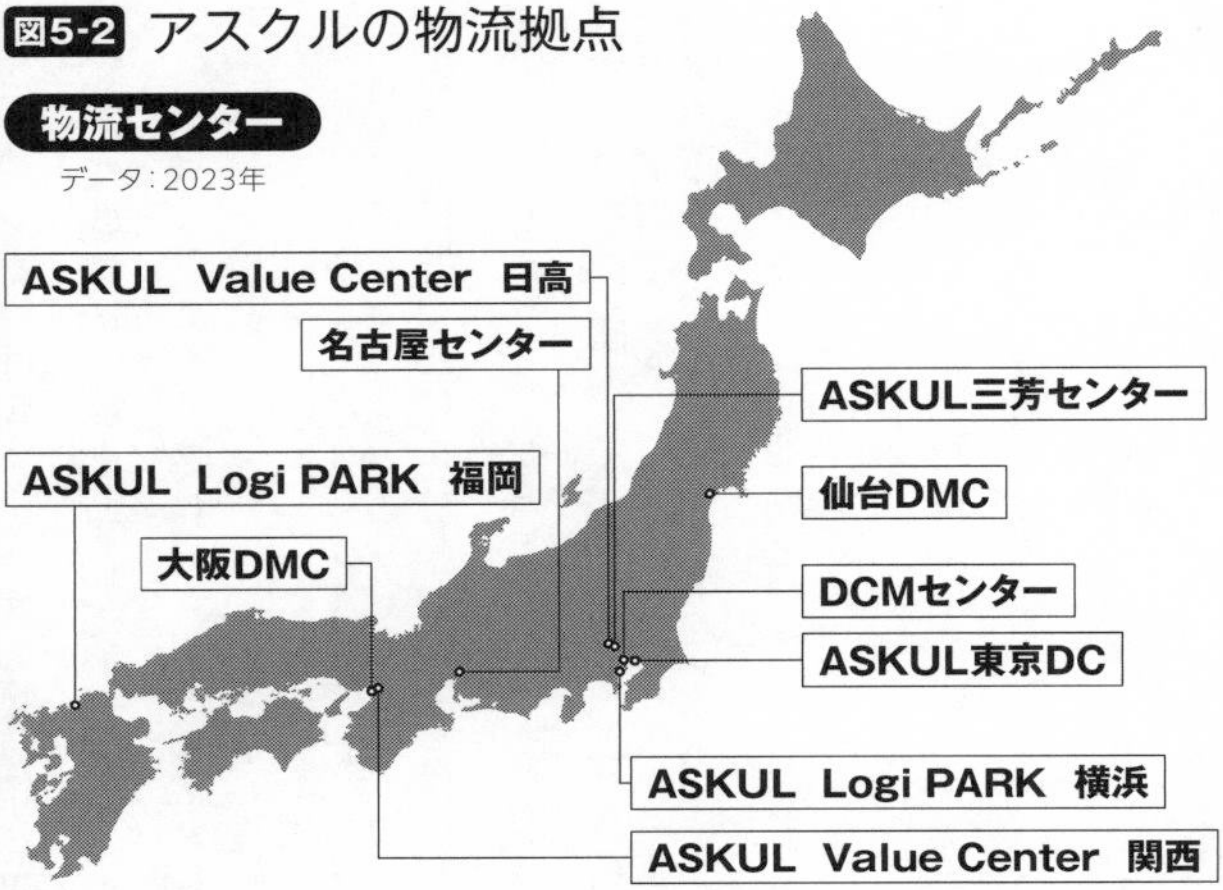

力は年間６５０億円規模（売上ベース）があります。作業の約80％が自動梱包です。同じような機能を持つ「ASKUL Logi PARK横浜」（年間５００億円規模を出荷）と比べ、保管効率１・５倍、在庫アイテム数２・６倍、出荷能力１・３倍になるようです。

ＡＶＣ関西は２０１８年2月の稼働。地上４階建て、日本最大級の約16万５００㎡（約5万坪）の延べ床面積を有しています。在庫品のほかに、クロスドック（ＣＤ）商品も扱い、年間１０００億円の出荷能力があると言われています。

稼働当初、Ｂ２ＢとＢ２Ｃは別々に対応していましたが、２０２３年にギークプラス社のピッキングロボット「ポップピック（PopPick）」を大量導入するなど、追加の設備投資を行い、約33万の在庫保管が可能な、Ｂ２ＣとＢ２Ｂの物流を統合して対応するセンターにチャレンジしています。

このように、創業者の岩田氏は物流に対する意識が非常に高いのですが、アスクルが「物流ファースト」という意識が強い会社であることは、２０１６年5月に発売されたミネラルウォーター「ロハコウォーター」（2ℓ）の開発が象徴しています。

当時（いまも他社のものではそうですが）、一般的な2ℓペットボトルの水は、1箱6本入りが基本になっており、かさばり、重い割に利益を上げにくい商品の代表。同社にとって、ペットボトルの水の配送コストを下げることは、絶対に避けては通れないテーマでした。試行錯誤するなかで、ある開発社員が突破口を切り開きました。

2ℓ入りのペットボトルを5本並べると、標準的な配送用段ボール箱の底面に、ピッタリとはまります。配送用段ボール箱にきれいに収まれば、その上に他の商品を同梱し、すき間を少なく、1箱にまとめることができるのです。

そうして生まれたのが、「5本×1列」で梱包された「ロハコウォーター」（2ℓ）

です。ＬＯＨＡＣＯ専用商品ですから、商品を識別するためのラベルも不要になり、その分コストを下げられ、ムダな資源の使用を減らすことにもつながっています。

物流の運営についても、注文から出荷まで、以前の45分からずいぶんと短縮されました。

物流センターの運営は１００％自社グループ、積極的な設備投資により、高度に自動化されたセンターを構え、自前の配送体制を構築しています。ドライバーの作業を支援するアプリ「とらっくる」も開発、他の配送会社も含めた、配送管理ができるようになっています。

「オフィス用品のイメージ」から脱却する真の狙い

またアスクルでは、消費者からのニーズを吸い上げ、商品開発やサービスに生かしていく、デマンドチェーンの構築にも力を入れてきました。

２０１４年からは、アスクルが通販事業を通じて収集した販売データを公開、参加企業の製品開発やマーケティングに生かしていく取り組み「ＬＯＨＡＣＯ　ＥＣマーケティングラボ」をスタート、１１４社が参加する規模に育ってきています。この場を起点とした、メーカーとの協業により開発したオリジナル商品は、これまでに多数あります。

ＬＯＨＡＣＯだけでなくＡＳＫＵＬのビッグデータについても、今後オープン化するという話もあり、そうなれば、ビッグデータの活用はさらに進んでいくと考えられます。

また今後、Ｂ２Ｂ商品をロハコでも販売することになれば、販売量の増加も見込めます。そうすると、メーカーのＥＣマーケティングラボへの参画も増え、より開発力が強化されていくことになるのではないでしょうか。

自前の配送網を持っている強みを生かし、短納期（短いリードタイム）で顧客ニーズに対応する取り組みも進めています。

ちなみに、物流センター内で温度管理しているお米を、注文に応じて、センター内で精米して、出荷する「ろはこ米」などがあります。

同社では、ロングテール商品を含めた品揃えの規模拡大を進めています。

図5-3 アスクルのB2Bにおける品揃え　データ：2023年度

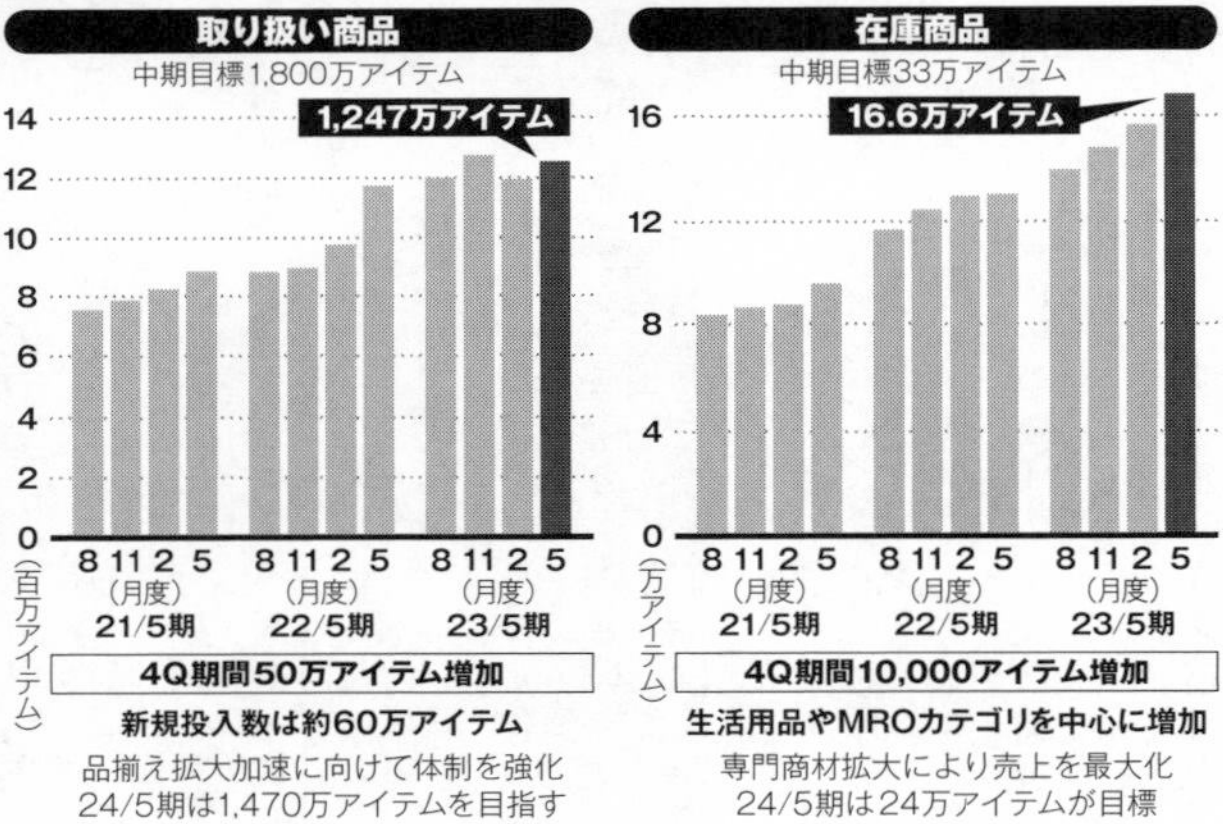

B2Bにおけるメーカーやベンダーからの直接出荷を含む取り扱い商品は1800万アイテム、物流センターで保管する在庫商品は33万アイテムを中期目標として設定。B2Bの売上高構成比39・8%を占めるオリジナル商品についても、約1万2000アイテムまでの拡大を目指しています（図5−3）。

この品揃えの拡大が狙いとするところは、「オフィス用品のアスクル」というイメージから脱却し、「すべての仕事場のアスクル」に広げていくことにあると考えています。

これが、冒頭で述べた「TAM」「SAM」「SOM」の話につながるのです。

つまり、これまでのような「オフィス用品」という市場での戦いから、プライベートまで含めた日用品にまで戦いの範囲を広げることで、「TAM」「SAM」「SOM」拡大を狙っているのです。

ウェブオープン化による、検索エンジンからの動線強化（検索結果の画面から、直接、商品の購入を可能にする）、「アスクル、くる、くる」と連呼するテレビコマーシャルを2023年秋に開始したことも、この一連の流れに関係していると思います。

全顧客に送料負担を求めず、「送料無料の閾値」を設けよ

配送改革としては、送料無料の閾値《しきいち》の変更をしています。

最初は3000円でしたが、その後、段階を踏んで価格を下げ続け、いったん税込1000円の時期が長く続きました。そして、2023年10月31日からは税込2000円以上に値上がりしました。

物流業界の置かれた昨今の状況から、送料無料（事業者の負担、送料の値引き）にはしない、という考え方もあるかもしれませんが、私としては閾値を設けるべきだと考

えています。閾値があれば、まとめ買いを促し、客単価も確実に上がります。その結果として物流効率が改善されれば、売上も利益も大きくなる可能性があります。

いずれにせよ、「送料無料」は実態がどうであれ、顧客には響くフレーズです。

コクヨとの共同輸送への取り組みも始めました。

コクヨサプライロジスティクスがコクヨ社製品をアスクルの物流センターへ納品する輸送過程に、別拠点のアスクル物流センターでの荷積み工程を組み入れ、納品荷物に加えてアスクル物流センター間の在庫移動（横持ち）商品を合積みすることで、両社の輸送車両を集約しようというものです。

アスクルにとって、カウネットという通販事業を行うコクヨは競合になりますが、アスクルのベンダーの一社でもあります。しかし、いま世の中から求められている共同輸送は、競合関係の勝ち負けには関係なく、社会全体として、環境にやさしいか、持続可能な輸送ができるか、という点につきると思います。

黒字化への道が遠かったB2C事業のLOHACOが、2023年5月期、黒字転換を実現しました。とはいえ、中期計画では、連結で営業利益率5・0％が目標ですから、今後、さらに大きな黒字化が求められます。

ＬＯＨＡＣＯ事業の再成長を図るため、さまざまな施策を打ってきています。

現在、ＬＯＨＡＣＯで提供しているアイテム数は１０６万ＳＫＵですが、アスクル同様、これを拡大していきます。Ｂ２Ｂのオリジナル商品をＬＯＨＡＣＯでも販売し、業務用・大量ニーズ、低価格志向への対応を強化しています。

アスクル本社でインタビューした前日、社外でのミーティングが幾つかありました。その日、それぞれ別々の２つの会社で出された水がＬＯＨＡＣＯウォーターの小サイズのペットボトルでした。

偶然が続いただけかもしれませんが、来客用の水をＬＯＨＡＣＯやＡＳＫＵＬで購入する会社が多いと実感しました。Ｂ２Ｂ商品からＬＯＨＡＣＯへ、だけでなく、逆のＬＯＨＡＣＯからＢ２Ｂ商品も十分に可能性がある。まだまだ、すそ野は広いと感じました。

アスクルの新たな商品領域へのチャレンジも進んでいます。

高単価・高収益商品の強化を図り、ＤＩＹ工具や電動ドライバーなども品揃えに加えています。日用雑貨中心の品揃えだけではアマゾンと戦っていくのは難しいでしょうし、1品あたりの単価が安いものが多く、相当数購入しても、なかなか送料無料となる閾値を越えないとなると、どうしても利用頻度が落ちてしまいます。

そして今後、強化が進むと考えられるのが、LINEヤフーグループの集客力の活用でしょう。オリジナル商品の商品力×LINEヤフーの集客力により、潜在ユーザーの間口を広げ、成長力を高めていくことは十分に可能だと思います。

顧客が求めるのは、必ずしも「明日来る」ではない

LOHACOでも、B2B同様、配送改革に取り組んでいます。

同社では、これまで、LOHACOに対しても、アマゾンのような早い配送を望んでいるユーザーが多いのではないか、と考えていました。

しかし、その予想は見事に裏切られました。

ヤフーとの協業企画として、2022年の8月から10月にかけて、「急がない荷物はゆっくりお届け日指定でオトク!　おトク指定便」という販促企画の実証実験を展

開したところ、利用特典としてのポイントの付与率（最大ポイント付与を30円、20円、15円と、それぞれに分けて実施）に関係なく、約半数の注文で、おトク指定便が利用されていました。ストックとしてのまとめ買いが多いと考えられたトイレットペーパーやティッシュペーパーは急ぎの便を選ぶ人が多い、という意外な結果も出ています。

この実証実験の結果を踏まえ、２０２３年４月から「おトク指定便」の本格展開が始まりました。

アマゾンの場合は、急いで届けることでキャンセルや受け取り忘れなどを防ぐという考えをベースに配送スピードを磨いてきましたが、このＬＯＨＡＣＯの実証実験の結果からは、ＥＣで注文したからといっても、必ずしも急いで手に入れたい、ということではない、ということが見えてきました。

また、２０２３年４月末からは、宅配ボックス投函を含めて「置き配」がデフォルト設定（注文時に、受け取り方法の選択をしなければ、すべて置き配になる）されました。それだけニーズが高かったということでしょう。

送料無料の閾値の変更も行っています。

ＬＯＨＡＣＯでは、２０１９年10月に３３００円以上としていたものを、２０２２

年に3780円以上に引き上げました。

2024年問題対策としての取り組みもあります。

置き配や「おトク指定便」もその1つですが、それ以外で1BOX化促進もあります。複数の注文商品を1BOXにまとめることができれば、配達回数は減少し、環境負荷も軽減されます。同社サイトでは「できる限りまとめてお届け」が目に入りやすいように、UI（ユーザーインターフェース）を変更しました。


アスクルでは、物流センターの将来像を描いています。

まず「ワンオーダー・ワンボックス」です。

1つのオーダーに対し、荷割れを起こさず、1つのボックスで梱包し、発送するというイメージです。LOHACOが実施した「おトク指定便」の実証実験から、B2Cについては「少し待てる」という商品もあり、必ずしも「明日来なくてもよいもの」が相当あるということがわかってきました。それであれば、少し時間をずらしてでも、無理のない配送体制で届けたほうが、購入者にとってもメリットがある、という考え方です。

以前、アマゾンでは、同じカート内で注文をしていた場合でも、別々のセンターから、別の荷物として送られてくることがありましたが、いまは、そうした荷割れは少しずつ解消されてきています。

アスクル事業については、この必要条件は該当せず、別の配送体制を組むことになります。

物流センターの構成については、ワイドＤＣ（ＷＤＣ）とローカルＤＣ（ＬＤＣ）を組み合わせる考え方です。

ＷＤＣは広域をカバーするセンター、ＬＤＣはより消費地に近いエリアをカバーするもの。ＬＤＣでは、高頻度品、ヒット率が高いものを在庫として保管し、ＬＤＣでヒットしない商品が出た場合に、ＷＤＣから直送するという運用です。

「Ｂ２Ｂ」と「Ｂ２Ｃ」物流統合への挑戦

アスクルの物流戦略の締めくくりとして、大きなチャレンジに触れておきたいと思います。

Ｂ２ＢとＢ２Ｃの物流の統合です。

ＬＯＨＡＣＯを立ち上げた当初から、この統合に執念を燃やしていました。

そもそもＬＯＨＡＣＯを立ち上げた理由の１つに、Ｂ２ＢのアイドルタイムにＢ２Ｃの配達を組み込めば、全体としての物流効率が高まる、ということがありました。

しかし、Ｂ２Ｃの場合、土日の配達を希望するケースが多いうえ、再配達という課題も出てきたため、一人のドライバーが、Ｂ２Ｂ、Ｂ２Ｃの両方を配達することには抵抗が強く、実現されませんでした。

同じような時期に、ユニクロを展開するファーストリテイリングでも、Ｂ２Ｂ、Ｂ２Ｃの統合を試みましたが、物流の現場が混乱しただけで、現在も別々のものとして運営を続けています。

それでもアスクルは、Ｂ２ＢとＢ２Ｃの物流の統合をあきらめていませんでした。

同社によれば、Ｂ２Ｂ商品をＬＯＨＡＣＯへ、ＬＯＨＡＣＯからＢ２Ｂへ、相互の共通商材を増加させていくことにより、配送仕分の際、Ｂ２Ｂであるか、ＬＯＨＡＣＯなのかを意識する必要がなくなり、統合を進めやすくなっていると言います。

また、置き配をＬＯＨＡＣＯでデフォルト化したことで、Ｂ２Ｂでは想定されない再配達への対応もなくなり、「B2B、B2C、いずれの荷物にも対応します」というドライバーも増えてきているそうです。同社がドライバーや委託先配送会社に提供しているドライバー支援アプリ「とらっくる」では、B2B、B2Cを交えた配送ルートの適正化が図れるようになっています。

ただし、だからといって、B2BとB2Cの物流の統合がすんなり進むかといえば、私としては、まだまだ難しいと考えています。

B2Bのほうが圧倒的に納期は厳しいですし、同じ急ぎの便といっても、B2BとB2Cとではその緊急度合いも違います。それにリモートワークの広がりなどで、平日の在宅率が高まっていたとはいえ、土日配達を求めるB2Cが多い状況は変わっていません。

このあたりをどのようにコントロールできるか、アスクルのチャレンジを応援したいと思います。

第6章　コロナ禍を乗り越え、進化し続ける「アマゾン」の物流

3000億円の赤字でも、すぐに回復する「収益力」

2022年、アマゾンは赤字に陥りました。コロナ禍1年目並みのEC事業の成長が続くと見込んで積極投資を行った物流施設が、伸び率の低下により十分に稼働させられなかったことがその大きな要因です。

未使用スペースの一部をサブリースとして他社に貸し出すことも行いましたが、営業利益の大幅な減少を埋めることはできませんでした。

四半期（Q）ごとの売上と利益の動きを参考に、詳しく見てみましょう（図6-1）。

2010年からの売上（Revenue）の実績を追っていくと、毎年、ホリデーシーズンとなる4Q（10月~12月）の伸びが、翌年からの成長の土台になっていることがわかります。

通期では2018年から大きく伸び始め、コロナに入ったタイミングでは1年で売上を1000億米ドル（約10兆円）伸ばしました。その後、伸びは穏やかになり、2020年から21年にかけては800億米ドル、21年から22年は500億米ドルを下回

図6-1 アマゾンの売上げ(Reavenue)(2010年以降)

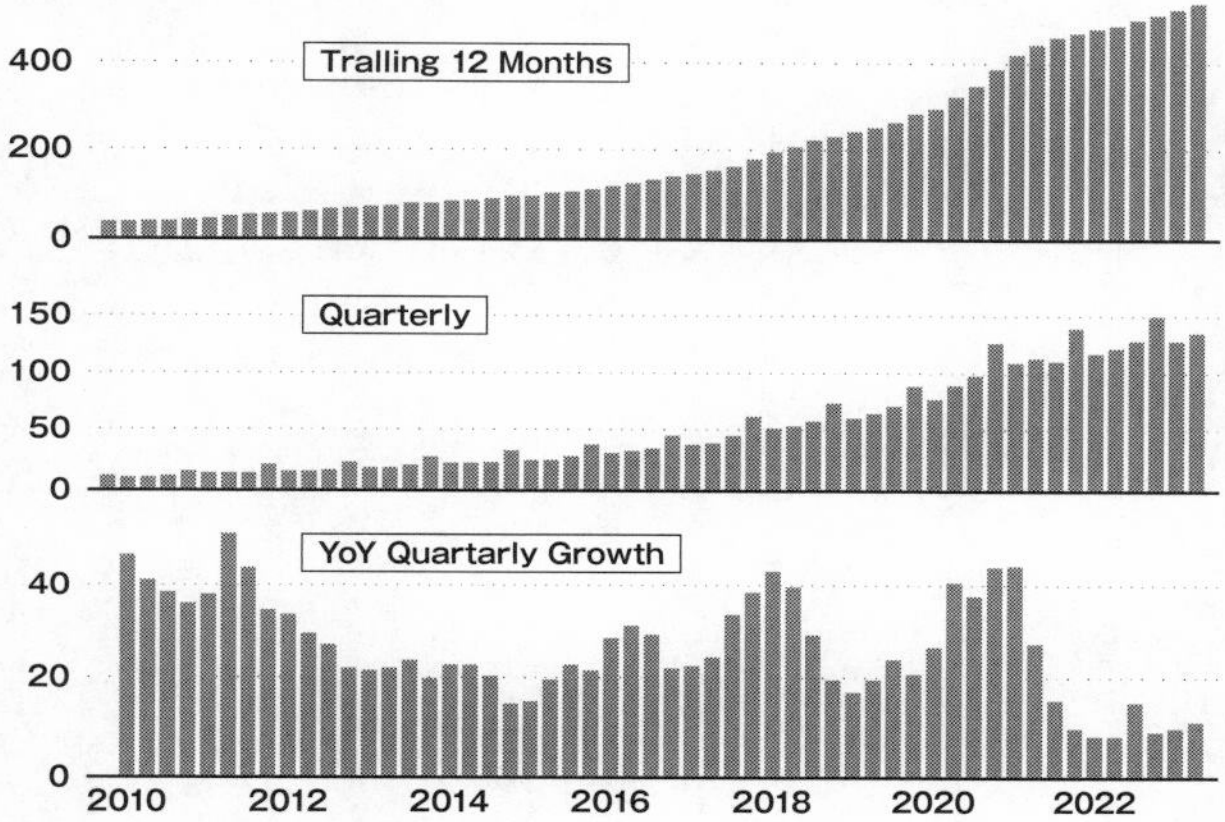

図6-2 アマゾンの利益(Net Income)(2010年以降)

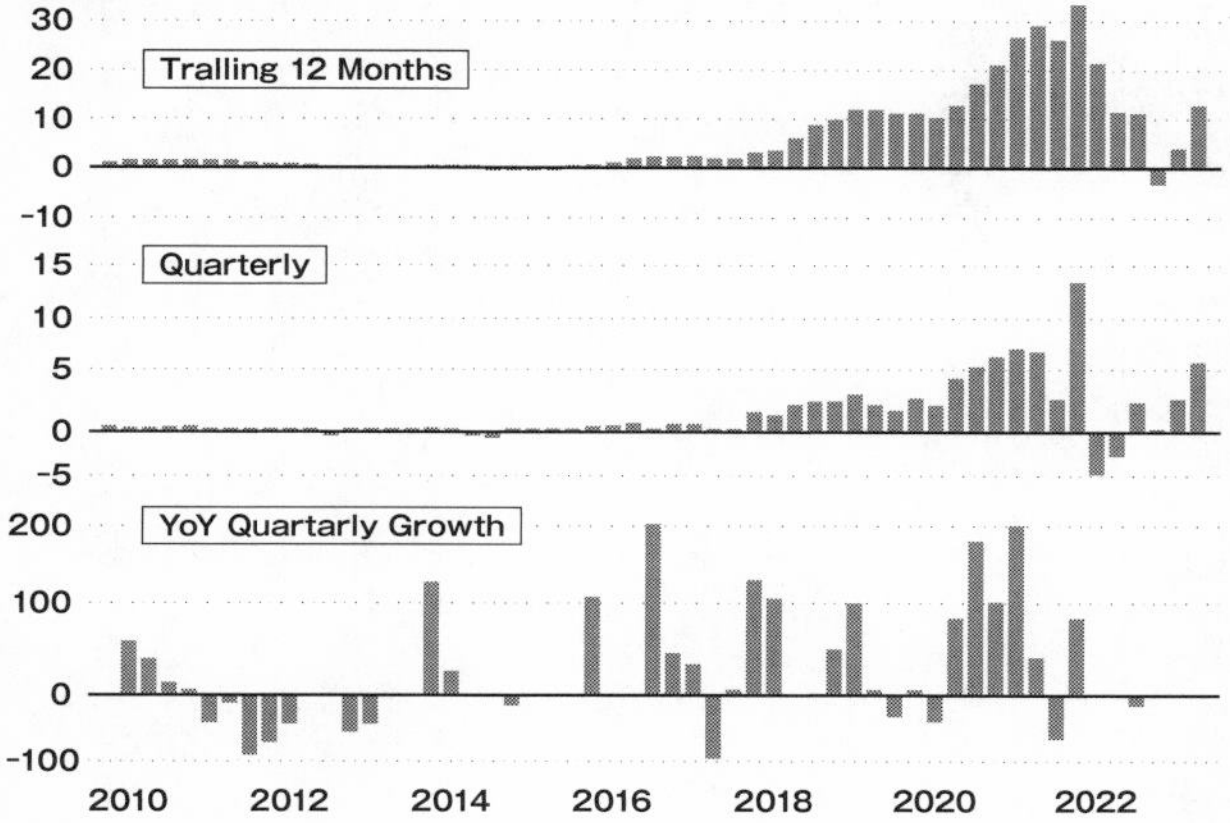

り、赤字に転落する要因になりました。

次に利益（Net Income）を見ると、2022年1Qは過去最大の赤字幅になりました（図6-2）。アマゾンでは第2のテスラ（tesla／電気自動車大手）と言われているリビアン（Rivian）への投資を行っていますが、その評価損が大きくなったというのがその主たる要因です。しかし、その分を差し引いても赤字になっていました。

結局、2022年通期では、約27億米ドル（約3000億円）もの赤字を計上することになりました。

アマゾンとしても、ここまでの赤字は想像の範囲を超える規模だったのではないかと、私は考えています。もっとも、2023年に入ってすぐに黒字回復をしていますから、同社の収益力の高さがうかがえます。

コロナ禍で、EC王者の勝ちパターンが変わった

アマゾンの事業モデルはこれまで、クラウドサービスで世界トップシェアのAWS（アマゾン・ウェブ・サービス）が莫大な利益を稼ぎ、それをEC拡大への投資（物流

やテクノロジー）に振り向け、さらなる成長につなげていくものだと考えられてきました。

ところが、その構造がこのコロナ禍の間に変化したと言われています。

広告事業、アマゾン広告（Amazon's Ads）の成長です。

23年2Q（第2四半期）のAWSの利益が予想を下回る伸びだったのに対し、利益率50％と言われるアマゾン広告はこの間1兆円以上（約106億米ドル）の売上を達成しました。

これまでアマゾンの利益の多くを稼ぎ出してきたAWSですが、マイクロソフトのクラウドサービス「アジュール（Azure）」やグーグルの「Googleクラウド」の巻き返しもあって、AWSの伸びが一段落したと言われています。

アマゾンをカバーするアナリストの中には、このアマゾン広告がすでにAWS以上の利益を出していると分析する人もいます。

アマゾン広告の売上は、2020年が198億米ドル（前年比147％増）、2021年312億米ドル（同58％増）、2022年377億米ドル（同21・1％増）で推移し、2023年に入ってからも四半期ベースで20％を上回る増収になっています。

このアマゾン広告には主に3種類（スポンサーブランド、スポンサープロダクツ、スポンサーディスプレイ）のものがあります。

スポンサーブランドは商品検索の表示画面上に、検索内容に関連度の高いブランドとして「Amazon brand」のバナーが表示されるもので、Amazon brandの登録が必要になります。

スポンサープロダクツは商品検索の表示画面上に、検索内容に関連度の高い商品が、「Sponsored」として表示されるもので、たとえば「白い魔法瓶」として検索をかけた場合、「白」以外の魔法瓶が表示されるケースなどがそれにあたります。

スポンサーディスプレイというのは、ＥＣカート（ＥＣ注文を入れる画面上の買い物カゴ）のすぐ下にカート内の商品と関連度の高いものが表示されるというものです。

ブランドを想起させる広告と違い、いままさに購入しようと考えている商品と関連度の高い（あるいは代わりになりそうな）商品が表示されますから、価格やデザインなどを見比べ、表示された商品にスイッチする機会も多いのではないかと思います。

会員サービス、アマゾンプライムも、コロナ禍で大きな利益を生んだと考えられています。

グローバルでの会員数は、2019年に1・5億人でしたが、2022年には2・5億人。コロナ前から1億人が増えたことになります。国によってプライム会費は違いますが（日本は年会費5900円、米国では139ドル）、仮に1万円とすると、この間にストック売上としての年会費が1兆円規模で積み上がったわけです。

また、プライム収入（会費のほかに、オプションサービスの利用料を含む）は、同じように2019年が192億米ドル、2022年が350億米ドルですから、プライム収入としても1・5兆円以上伸びていることがわかります。

さらにプライム会員の場合、非会員に比べ、年間での購入金額が1・5倍になっているというデータもあります。プライム会員が増えると、ストック売上としての年会費の積み上げに加え、商品売上も高くなるわけですから、アマゾンとしてはプライム会員の増加はダブルのメリットをもたらしてくれるのです。

もう1つ、利益を伸ばしていると考えられるのが、「サードパーティ」の存在です。サードパーティとは、「アマゾンマーケットプレイス」と呼ばれるECプラットフォ

図6-3 ファーストパーティとサードパーティの比率

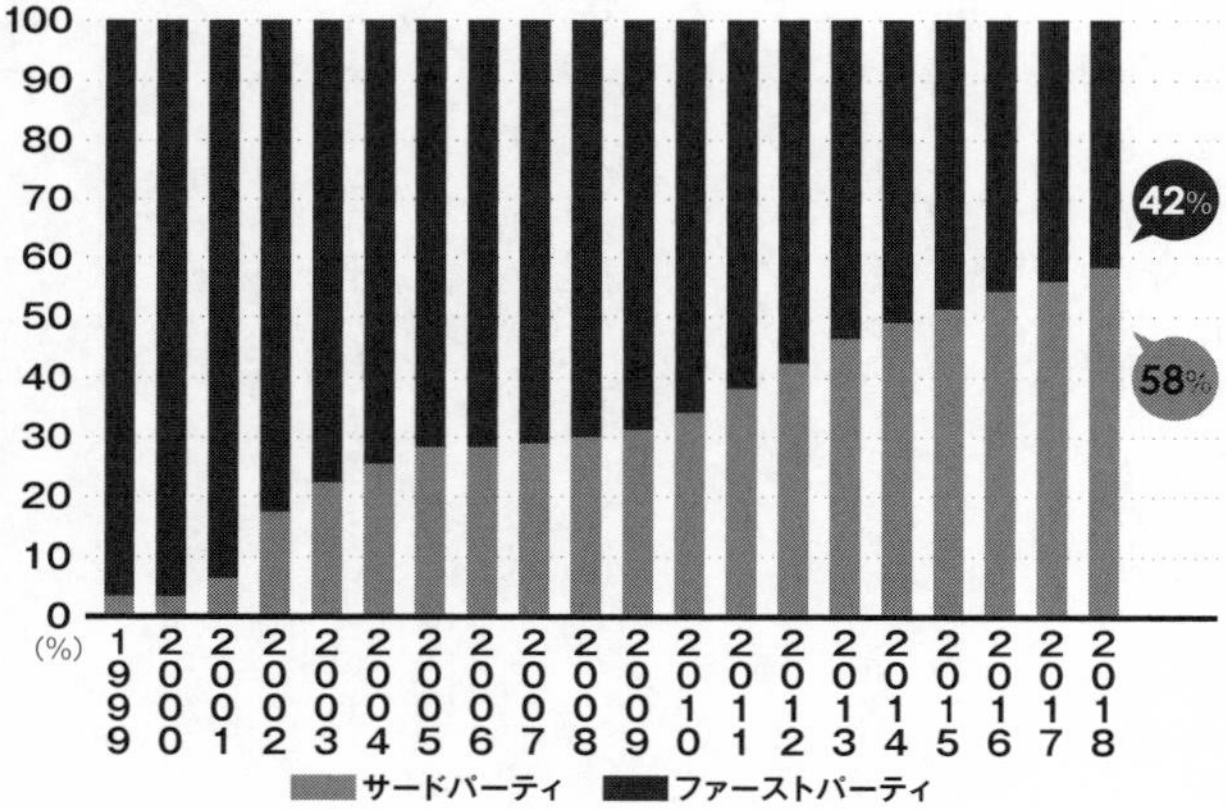

ームにおいて、さまざまな商品を出品するアマゾンから独立した販売者のことです。

アマゾンのサイト上で販売される物販系商品の売上のうち、約6割をサードパーティが占めています。しかも、売上の伸び率も、ファーストパーティ（販売者アマゾン）をサードパーティが大きく上回っております（少々古いデータになりますが、2018年時点で、ファーストパーティが42％に対し、サードパーティは58％になっています）（図6－3）。

またサードパーティのセラー数も増えていることから、ますますサードパーティの売上比率が高まってくることが予想されます。

オフライン進出の失敗とテクノロジーの進化

コロナ禍での変化には、実店舗（オフライン）に関わるものもあります。

以前、アマゾンの実店舗の出店に「オンラインに続いてオフラインも……」と強い危機感を抱いた同業態の実店舗も少なくありませんでしたが、コロナ禍を経て魅力が見直された実店舗が息を吹き返す一方、アマゾンでは縮小、あるいは撤退を決めた店舗も少なくありません。

２０１５年、シアトルに1店舗目を出店した「アマゾンブックス（Amazon Books）」は、書籍が面展開され、内容紹介ができるスペースを設け、「アマゾンキンドル」や「アマゾンエコー」なども試せるつくりになっていましたが、２０２２年３月、当時展開していた全24店舗の閉店を発表しました。

当時筆者が持ったイメージとして、アマゾンの存在感を広め、プライム会員への布教活動をする教会のような印象ですが、売上、利益については、われわれが見ても厳しいことは明らかで、会社全体が赤字の中で維持する選択肢はなかったのでしょう。「アマゾンブックス」を出店した頃は、アップルストアがブランディングを考えた出店を展開し始め、マイクロソフトも直営店を高級ショッピングセンター内に相次いで出店していました。アマゾンもそうした流れに乗りたかったのかもしれません。

「アマゾンフォースター（Amazon 4-Star）」も、2022年3月、アマゾンブックスと同じタイミングで閉店を発表しました。私は、ニューヨークのSOHOにある1号店（2018年9月出店）を一度、訪れたことがあります。日本で言えば、雑貨やガジェットを扱うハンズやロフトに近い業態でした。

アマゾンでは2017年、高級生鮮スーパーの「ホールフーズ（WholeFoods）」を買収しました。こちらは順調に展開しているようですが、ホールフーズのラインナップがアマゾン寄りになって商品の質が落ちたと言うアメリカ人もいます。実際のところはわかりませんが、そうした声が聞かれるということは、以前のようなホールフーズではなくなってしまったということでしょうか。

一方、着実に店舗を増やしているものもあります。

アプリを立ち上げ入店し、商品を持ち出すだけで決済も終了する、レジなしコンビニの「アマゾンゴー（Amazon Go）」は、2018年1月、シアトルに1号店を出店した後、シカゴ、サンフランシスコ、ニューヨークにも展開、現在22店舗まで拡大しています（2023年9月、シアトル6店舗、シカゴ5店舗、サンフランシスコ4店舗、ニューヨーク7店舗）。アマゾンがシアトルに次ぐ2番目の展開エリアとして選んだのはシカゴ。我々イー・ロジットは毎年視察に行きますが、流通を学ぶ人間としてシカゴは必ず行かなければならない場所だと再認識しました。

商品のピックアップスペースを併設、生鮮食品スーパーのダークストアとしてスタートした「アマゾン・ゴー・グロサリー（Amazon Go Grocery）」（2020年2月オープン）は、その後、食品スーパーフォーマットの「アマゾン・フレッシュ（Amazon Fresh）」（2020年8月オープン）に一本化され、店舗数を増やし、44店舗を展開しています（2023年9月時点）。

これらオフライン店舗の開発に取り組む中で、アマゾンは店舗に必要なさまざまなテクノロジーを試してきました。

アマゾンゴーの基幹テクノロジーである無人決済の仕組みを最初に見たとき、「無人コンビニの多店舗展開が目的ではない。システムの外販に違いない」との見立てをしていましたが、実際「Just Walk Out」として外販され、コロナ禍中にはニューヨークの空港施設内、ホールフーズ店内、野球場やイベント会場などで、導入店舗が登場しました。

決裁データを多く取得できれば、アマゾンの販売の精度を高められる。(著者撮影)

最後に、この「Just Walk Out」を見たのが、ロサンゼルス空港のデルタ航空のターミナルのキオスクでしたが、最後のお土産や、小腹を満たすスナックが売れていたように思います。

アマゾンとしては、「Just Walk Out」を使った決済場所が増えていけば、それだけ決済が増え、システム利用料や決済手数料で利益をあげることができるようになります。AWSや広告で利益をあげられるように、「Just Walk Out」も増やしていけば、収益源の1つになると思います。

このほか、決済機能付きショッピングカート「アマゾン・ダッシュカート（Amazon Dash Cart）」や、手のひらの生体認証でクレジットカードとの紐付けが2秒で完了する「アマゾン・ワン（Amazon One）」もあります。

アマゾン・ダッシュカートは、カートに取り付けられたスキャナからバーコードを読み込ませて、カート内に入れていくだけ。買い物中におススメ商品のレコメンドもあります。また、アマゾン・ワンは携帯不要、いちいちアプリを表示させる必要もなく決済を完了できますから、精神的には楽なシステムだと思います。

アマゾンの行動原理がわかる「3つの理念」

コロナ禍を前後して、アマゾンにはさまざまな変化がありました。

一方で、創業以来、一貫して変わっていないこともあります。

創業者のジェフ・ベゾスは「アマゾンは、地球上で最もお客様を大切にする企業である（Be Earth's most customer-centric company）こと、お客様が買いたいものを何でもオンラインで見つけられるようにすること」を徹底してきました。

最近は「Customer Obsession（顧客のこだわり）への対応」という言葉もよく使われるようですが、その根本にあるのは顧客中心主義であり、カスタマーセントリックに変わりはないと思います。

カスタマーセントリックということで、私が常々感心するのが、返金スピードの速さです。

以前のことですが、アマゾンで食器を買って到着を待っていましたが、結局、宿泊先を出るまでの間には届かず、キャンセルすることにしました。すると、2、3時間のうちに返金されていました。

アマゾンでは「24時間以内の返金」がスタンダード。「アマゾンの返金スピードは全米でNo.1」という、ある調査機関の公表データもあります。

日本で返品するという場合、アマゾン以外でこうしたスピーディな体験をすることはあまりありません。商品に疵《きず》があったり、傷んでいたりというときでも、「まず、とにかく証拠写真を送ってほしい」などと、顧客をまるで信用していないような対応をするケースをよく聞きます。

販売店からすれば返品理由の確認は必要ですが、顧客からすれば「悪いのは不良品を送ってきた販売店。それなのに、なぜ、こちらからそんなことまでしなければならないのか」と憤るのはよく理解できます。特に対面でのやりとりを前提としないECの場合、返品を受け付け、いち早く返金処理をしてしまうほうが、オペレーションも複雑にならず、その後の顧客との関係性維持においても得策だと私は思います。

なぜ、アマゾンはこのようなスピーディな対応を取れるのか？　それは、アマゾンの行動原理である3つの理念を知ることで理解できるでしょう。その3つとは、

「常に顧客中心に考える」（Put the customer first）
「発明を続ける」（Invent）
「長期的な視野で考える」（And be patient）

です。

宅配クライシスのとき、「どうやって、物流危機を乗り越えますか」と日本経済新

図6-4 アマゾンにおける「物流の指針」

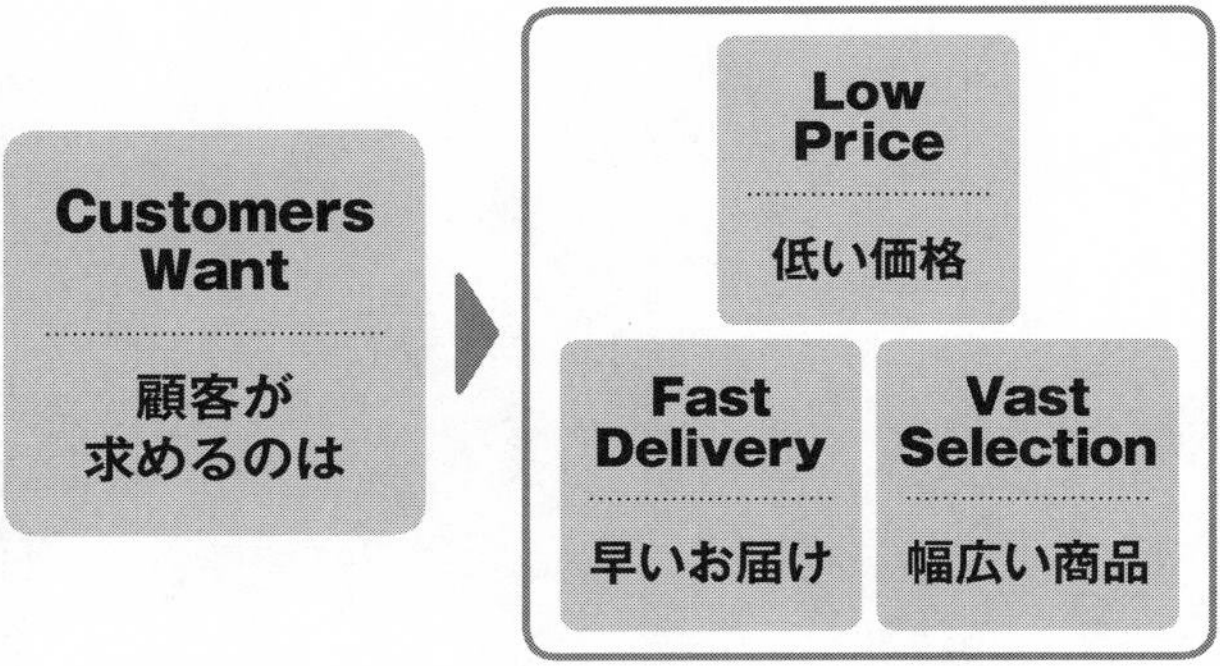

聞の記者から質問をうけたアメリカ本国から来たアマゾンのロジスティクスの本部長は「発明により乗り越えます」と答えていました。これを聞いて「ベゾスの考え方が浸透している」と感心したことを覚えています。

ベゾスはECサイト「アマゾン」を立ち上げるにあたって、次のような設問を立てました。

「What's not going to change in the next 10years?」（今後、10年間、変わらないことは何か）

それに対する答えが、

「Customers Want（顧客が求めるのは）Vast Selection（幅広い商品）、Low Price

（低い価格）、Fast Delivery（早いお届け）」です（図6-4）。

これらを実現する要《かなめ》として、アマゾンの物流は組み立てられていると思います。

アマゾンの物流を支える「3つの戦略」

それでは、アマゾンの物流を支える3つの戦略について、より具体的に考えていきたいと思います。

まず、Vast Selection（幅広い商品）からお話ししましょう。

そのためのポイントは、次の3つになります。

- 大型センターを確保する
- 商品棚をたくさん利用する
- 調達を多様化する

1つずつ説明しましょう。

・大型センターを確保する

アマゾンが所有するビルの1つに「ドーソン（DAWSON）」と命名したものがあります。ドーソンは、ガレージの一角を倉庫代わりに創業した同社が、１９９６年、顧客の求める幅広い書籍に対応した本格的な通販事業を展開するために、初めてのＦＣ（フルフィルメントセンター：アマゾンの物流拠点）を設置した通りの名称です。「ドーソンの大型センター（当時としては）がなければ同社のビジネスは成り立たなかった」という教訓を忘れないために命名したと言われています。

同社が設置したＦＣは、延べ床面積11万坪強、１５００人が雇用できる規模があり、現在はこれらの規模の大型センターを準備することを第一義にしています。

・商品棚をたくさん利用する

大型センターを確保できれば、それだけたくさんの商品棚を入れることは可能です。ただ固定の棚を入れてしまうと、棚の位置によって商品の保管やピッキングのしやすさに違いが出てきます。また、作業スタッフが移動するスペースも確保する必要があります。

そこでアマゾンが多くの物流センターで導入を進めているのが、「アマゾンロボティクス（Amazon Robotics）」です。「ドライブ（Drive）」と呼ばれるロボットが「ポッド（Pod）」と呼ばれる専用の商品棚を随時移動させることにより、固定式の商品棚より最大約40％多くの在庫を保管でき、スペースの節約が可能となり、商品の品揃えを増やしていくことができます。

・調達を多様化する

アマゾンジャパンの創業時、2000年のときは書籍のみの単品で、170万アイテムの在庫を保管していました。それから毎年のようにカテゴリーを広げていき、2005年には10ストア（＝10カテゴリー）、1000万アイテムを超えました。2009年には「アマゾンベーシック」としてPBの取り扱いをスタート。2017年に生鮮食品も扱うアマゾンフレッシュ、アマゾンビジネス、ビューティーストアを拡大オープンするなど、自社での取り扱いカテゴリーを広げています。

特に、アマゾンフレッシュについては、2022年11月、温度管理を徹底した専用物流拠点「アマゾンフレッシュ 葛西フルフィルメントセンター」（延べ床面積：約6000㎡）を開設、生鮮食品全体の商品保管・出荷能力の拡充を進めました。

また、協業による品揃えの拡大も進めており、食品スーパー（ライフ、バロー、成城石井、アークス）との協業によるネットスーパーの運営、アイスタイルとの協業によるコスメ・美容の総合サイト「アットコスメ（@cosme）」の公式ストアもオープンしています。

一方で、2003年からは自前でのEC展開が難しい事業者でも、アマゾンのプラットフォームから商品を販売できるマーケットプレイスを開設、さらに品揃えの幅を広げていきました。

現在、マーケットプレイスの出品者のうち3分の1が中国からの販売者（セラー）で、積極的に出品を増やしており、2019年に4億アイテム、2020年には5億アイテムを超えました。

アマゾンジャパンでは2015年頃から、中国のセラーからのマーケットプレイスへの出品に注力。FCを成田空港の近くに設け、航空便で成田に入ったものを効率よく出荷できる体制を整えました。

中国のセラーの商品は雑貨や小物が多いこともあり、ベリー便（belly：腹部）と呼ばれる、旅客機の底のスペースを用いた貨物便を利用し、輸送コストの抑制も進めています。トラック便の場合には、荷物を届けた後の空荷の便をチャーターしてコストを抑えることもしていますが、アマゾンの場合、そもそも物量が多いこともあり、同様のことを旅客機で実践しているわけです。

自社で物流に対応できない企業に対して、アマゾンの物流を提供するサービスもあります。

「フルフィルメントバイアマゾン（ＦＢＡ）」で、あらかじめアマゾンが指定する物流センターに商品を納品しておくと、注文に従って、アマゾン側がピッキング、梱包、出荷までやってくれます。梱包資材の共通化により、使用する資材の量を抑制できるのです。

ＦＢＡを利用すると、他社のＥＣサイトからの注文にも対応できるということもあり、販売意欲の旺盛な中国のセラーからの利用が増えているようです。

エネルギーコスト、人件費の高騰などもあり、２０２３年4月からＦＢＡに関する手数料（配送代行、在庫保管など）が値上げされました。

「最短距離の動線」で低コスト化を実現

次にLow Price（低い価格）の実現です。

そのためにアマゾンでは「労働者の生産性を測る」「（物流センター内での）移動距離を減らす」「幹線を自前化する」を進めてきています。

労働者の生産性については細かな作業にまでスピードの目安が設定され、その基準をクリアできない状況が続くと、アマゾンからの作業指導が入り、それでも改善されない場合は、雇用の打ち止めという厳しい対応がなされる時代もあったようです。

ジャーナリストの横田増生《ますお》氏のアマゾンへの潜入調査をもとに書かれた書籍には、脚色も含まれていますが、そうした模様が生々しく描かれていました（『アマゾン・ドット・コムの光と影』／情報センター出版局・現株式会社ゆびさし）。

最近はゲーミフィケーションを取り入れた、生産性改善の仕組みも採用しています。物流センターの見学を行った際、作業者に話を聞いてみたところ、ピッキングの正確性、スピードにより得点を獲得でき、その得点を仲間と競って、楽しみながらさらなる生産性アップにつなげるというモチベーションになっているようでした。

とにかくアマゾンでは、低コストを維持、継続していくため、現場レベルで常に生産性の向上を図る取り組みを繰り返し行っています。

移動距離を短くすることについては、アマゾンロボティクスの導入効果がよく知られるところです。ドライブとポッドにより、ピッキングや納入を行う作業者のすぐ近くまで商品棚が移動しますから、広い物流センター内を歩き回る必要がありません。

また、アマゾンロボティクスを導入できていないところでも、ピッキングを必要とする商品がどこの棚にあるのか、その指示を動きながら確認できる仕組みが整備されており、作業者があれこれ探す時間を減らす工夫も随所に施されています。最近では、AIカメラなどを活用して、実際の作業者がどの棚に商品を納入したかを細かく把握する（たとえば、Aという商品棚の上から3段目、一番右のスペースに入れたなど）テクノロジーを採用しているところもあります。

重量のある商品については「棚の高い位置に入れない」といった転倒防止や作業者

の腰への負荷軽減につながる作業指示を徹底するなど、移動距離を減らすだけにとどまらず、作業者にとってより働きやすい環境づくりにも余念がありません。

幹線の自前化にも積極的に乗り出しています。

幹線というのは、大量の荷物が行き来する、たとえば東京―大阪間のように高速道路等を利用して拠点間を長距離輸送（幹線輸送）している区間のことです。決まった区間をピストン輸送するイメージに近く、配達先への仕分けといった細かな作業を伴わないため、大量に荷物を扱うことができれば、コストダウンや作業の効率化が図りやすいと考えられています。

そのため、幹線輸送は、大手配送事業者に任せることが一般的でしたが、アマゾンでは扱う荷物の量が圧倒的に多くなってきたため、そこにも一歩踏み込んでいます。

1つはアマゾンがトレーラーを購入し、それを配送事業者に貸し出し、アマゾンだけの幹線輸送を依頼する仕組みです。キャッシュリッチな同社では数千台のトレーラーを購入しましたが、大量購入による、トレーラー1台あたりの購入費用の低減にもつながっています。

アマゾンの場合、この仕組みをさらに拡大して、航空便にも応用しています。

全米は東西に広く、トラックによる陸送では、７日から８日もかかります。多少コストがかかってでも、航空便を利用して、配送時間を短縮し、少しでも早く、顧客の手元に商品を届けていくという考えです。

アマゾンでは、現在、米国内に３カ所、航空便による輸送のための専用のハブ空港（エアハブと呼んでいます）を設置し、自社所有の航空機（リース契約のものも含む）を使って荷物を運んでいます。そこには配送エリア別に仕分けをするソーティングセンターが設置されており、ラストワンマイルの配送拠点への配送の効率化も進められています。実際のオペレーションは、ＤＨＬなど、航空貨物の専門会社に業務を任せています。


数年前のことですが、アマゾンが近々、最初のエアハブを稼働させるということで、ケンタッキー州シンシナティにある予定地の視察に行ったことがありました。

偶然にも、その日がエアハブの稼働初日にあたっており、なかなか見ることのできないオペレーションの内容を確認することができました。

日本国内ではまだそこまでのことはできていませんが、FCから配送方面が混載した状態で出荷されたものを、幹線に乗せる時点で配送方面ごとの仕分けをする「ソートセンター」が開設されました。

東京都品川区にある拠点で、東京国際空港（羽田空港）、東京港「東京国際コンテナターミナル」からほど近く、東京貨物ターミナル駅、首都高速のインターチェンジにも隣接し、陸上、海上、航空のアクセスに優れた場所にあります。

「即配達」を実現する4ポイント

そして、アマゾンの物流を支える3つめの考え方、Fast Delivery（早いお届け）についてです。これを実現するためアマゾンでは、

1　配送キャパを確保する
2　「集荷→幹線→配荷」から、「配荷のみ」にする
3　消費者に近い場所に、在庫拠点を置く

4　早く出荷する

ということを徹底し、新しい仕組みづくりにもチャレンジしています。

まず、配送キャパの確保ですが、1日の配送キャパを超える荷物があると、その日1日では配送が完了せず、翌日以降の配送になってしまいます。２０１７年に「荷物が届かなくなる！」と日本中を騒がせた宅配クライシスのときは、新規の荷物に加え、再配達の荷物が積み重なり、1日の配送キャパを超える状態が続きました。

それでは配送キャパを確保するために、これまで米国アマゾンが取ってきた方法を振り返ってみましょう。

当初、米国アマゾンでは、個人向けの宅配を得意とするＵＰＳ（日本でいえば、ヤマト運輸のようなイメージです）とがっちり組んで配送を行っていました。しかし、アマゾンのＥＣ事業の成長にともない、扱う荷物の量が急拡大すると、ＵＰＳだけのキャパだけでは配送品質の確保に不安を感じ、また依存度の増大は価格交渉においてもマイナスが多いと判断、宅配会社の分散化を図りました。

その後、フェデックス（FedEx）やUSPS（米国郵政公社：日本でいえば、日本郵便に近い）に加え、地域宅配会社（デリバリープロバイダ）、さらにはアマゾン自前の宅配システムによりラストワンマイルをコントロールするようになってきています。

日本においても、そのときどきの宅配会社のシェアには変動はありますが、米国と同じような流れの中で、配送キャパの確保に努めています。

また、配送キャパということで考えると、配送回数をまとめる（＝配送回数を減らす）ということでも、配送キャパを増加させることができます。

たとえば、大学のキャンパス内に受け取りスペース（アマゾンキャンパス。米国では学生向けの割引プログラムがあり、アマゾンの利用が多い）を設けたり、受け取り、返品のどちらにも使えるロッカーを設置したり、といった取り組みもあります。

また、アマゾンフレッシュピックアップのように、ドライブスルーで商品を受け取れる仕組みも、結果として、配送キャパを上げることにつながります。

「プロのドライバーの手が足りないなら」ということで、アマゾンが配送用車両を用意し、配達してくれる人を集めたり、一般の人に個人の乗用車を使ってすき間時間に配達してもらう「アマゾンフレックス」も行っています（日本では法律上の規制があり、個人の乗用車で配達することはできません）。

さらには、２０１８年には起業家プログラム「アマゾン配送サービスパートナープログラム（Amazon Delivery Service Partner Program）」も開始しました。マニュアルやツールキットなどを提供、導入に1週間、実地に2週間のトレーニング期間を設けるというもので、メルセデス・ベンツ製のバンでの配達も可能になっています。

配達車両の確保ということで言えば、アマゾン自ら出資をしているリビアンから配送用のＥＶ車（電気自動車）の購入計画も進んでいます。ＥＶのトラックは実現が難しいと言われていましたが、リビアンではＳＵＶの形状にすることで、ＥＶの配送車を実現可能にしました。

実現性となると、本格導入はまだ先のことだと思いますが、ドローンを使った「アマゾンプライムエア（Amazon Prime Air）」や、自動配達ロボット「アマゾンスカウト（Amazon Scout）」などへのチャレンジも続けています。

アマゾンプライムエアは現状、横風や雨に弱いこともあり、安全第一を考えると、なかなか飛ぶことができず、2022年は10回しか運べなかったという報告がありま す。「アマゾンスカウト」については、2022年の赤字決算にともなうリストラの一環で、このチームはいったん解散、現状、開発は中断してしまいました。

日本での取り組みはどうなっているでしょうか。

日本では、米国と違い、法律上の規制があるため、一般の人がそのまま配達ドライバーになることはできません。

そこでアマゾンが配達ドライバー確保の方法として実施したのが、個人事業主が黒ナンバーの営業車を持ち込み、空いた時間を使ってアマゾンの荷物を配達するという、日本版「アマゾンフレックス」です。アマゾンでは、こうした配達業務を担うドライバーをデリバリーパートナーと呼んでいます。

現在、東京、大阪、千葉、埼玉、神奈川など日本各地で展開し、数千人のデリバリーパートナーが、それぞれの空き時間を使って配達をしています。

「1時間程度の配達で最大1886円（軽のワゴン車を使う場合は1600円程度）、1週間程度の配達で最大94300円も可能」と言われています。「子育て中のお母さんも、すき間時間を活用して活躍できる」とアピールしていますが、黒ナンバー取得にはまだまだハードルが高いと感じています。

日本独自のものとして「Amazon Hubデリバリーパートナープログラム」があります。地域の中小企業にアマゾンの商品の配達を委託し、報酬を支払うという仕組みで、レストラン、新聞配達店などのように、特にアイドルタイムのある職種の人に呼び掛けたもので、2022年12月に発表されました。店舗や事業所から最長約2㎞圏内に、1日約30～50個を数時間かけて、自転車や徒歩で配達するイメージです。

配送パートナーになるための主な条件は、オーナーまたはスタッフなどがオフピーク時に配達時間を確保できること、商品を保管するための十分なスペースがあることなど。募集対象エリアは、これまでのところ、東京・千葉・埼玉・神奈川・大阪・京都・兵庫・愛知・福岡の9か所ですが、今後、日本全国にエリアを拡大予定です。

また、日本にも起業をサポートする「デリバリー サービス パートナー プログラム」があります。物流分野の経験や経営経験がほとんどない人にも門戸を開放したものので、これまで「ワントラック」（東京都大田区、創業者目羅弘司氏）、「クルーズ

（Cruz）」（埼玉県春日部市、伊原雄士氏）などがこのプログラムに参加、順調に事業を拡大しています。

このメリットとして大きいのが、アマゾンの荷物で事業が成り立ち、自分たちでの営業がほとんど不要という点です。管理用アプリやテクノロジー、効率的に運営できる仕組みも提供されます。

実はこのデリバリー サービス パートナー プログラムには、2013年4月に開始された、初代のものがあります。丸和運輸機関、ロジネット、SBSなど、すでに配送事業をやっている企業を対象にしたもので、「デリバリー・プロバイダーによるお届け」となっている荷物は、これらの会社が担当していました。

続いて、2つ目の「配荷のみ」にするという考え方についてです。

通常、「集荷→幹線→配荷」というプロセスを経て、顧客のもとに荷物が届けられます。大まかに説明すると、配達する大量の荷物を一つの拠点に集め、そこから出発して他の地域の集積拠点まで大型トラックなどで輸送し、そこから目的地まで配送する流れです。それをアマゾンでは、高頻度品を中心に在庫を豊富に抱える拠点を予め《あらかじ》設け、集荷して移送する手間を省き、配荷だけ行う試みに取り組んでいます。

ただし、すべての商品について、そうした対応が可能になるわけではないので、在庫を持たない商品については、FC、ソーティングセンター、幹線を経由して遠方まで配送するということを併用する仕組みになります。

販売先に近い場所に物流拠点を設置する「消費立地」に近い考え方です。

この「消費立地」という考え方は、米国アマゾンのサプライチェーンの変遷を見ると、その必要性がよくわかります。

初期のアマゾンには、シアトルにしか物流拠点がなく、どうしてもサプライチェーンが長くなっていました。それだけ商品の仕入れ、荷物の配達にも時間がかかるため、事業が拡大するにつれ、効率性にも影響を及ぼすようになってきます（図6–5）。

そこでアマゾンでは、ウォルマートの物流担当エグゼクティブだったジミー・ライト氏をCLO（チーフ・ロジスティクス・オフィサー）としてヘッドハンティングし、在庫をどこに置くか、どういう発注するのが効率的かといったノウハウをもとに、東海岸にも物流拠点を設置、サプライチェーンを短くし、在庫の充実を図りました。

そして、どこからの注文が多いのか、そうしたデータが蓄積されてくると、今度は注文の集中する地域に物流拠点を増やし、サプライチェーンのさらなる短縮、配送の効率化にシフトしていきました。

当時の有名なエピソードとして、カリフォルニア州への拠点展開があります。カリフォルニア州は拠点展開する事業所に対し消費税をかけていましたが、アマゾンではそれをきらい、カリフォルニア州には拠点を持っていませんでした。しかしカリフォルニア州がアマゾンの一大消費地になり、そこへの配送スピードを考えると、消費税の支払いもやむなしと判断し、超消費立地型の物流センターをカリフォルニア州に設けることになりました。

一般に物流の世界では、景気がいいときには、多少コストがかかっても消費地に近い消費立地にしてどんどん売り切る、反対に景気後退時にはコストダウンを優先して地代が安い生産地近くに引っ込む（生産地立地）という考え方があります。

しかし配送スピードが重要視されるＥＣの時代では、超消費立地の考え方で配送拠点を市街地につくることが王道とされています。

最後、４つ目が「早く出荷する」になります。

図6-5 アマゾンにおけるサプライチェーンの変遷

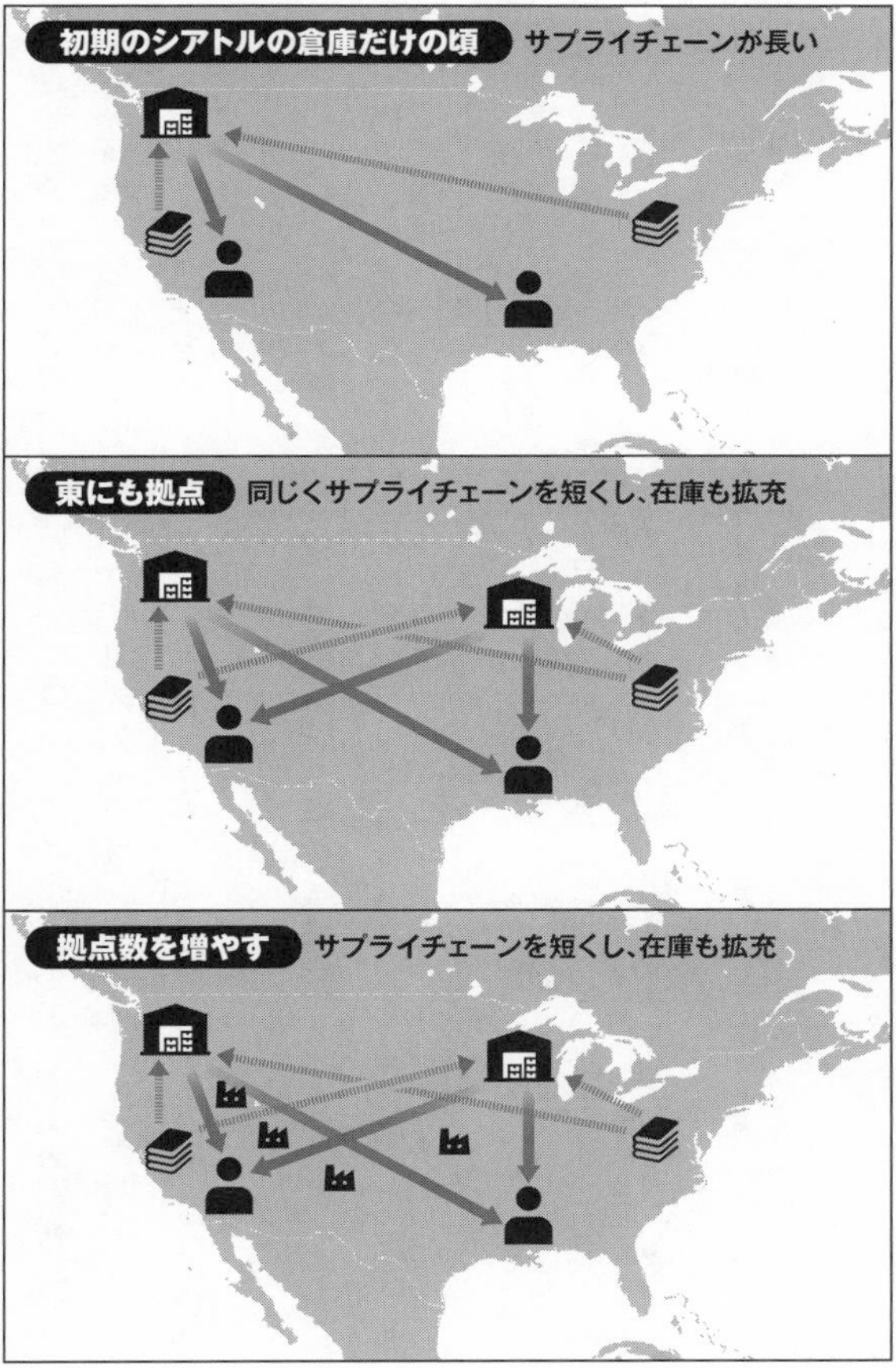

いま米国アマゾンでは、ラストワンマイルのデポ拠点であるデリバリーステーションを急増させています。同様に日本においては2018年に東京都大田区に初めて設置し、コロナ禍中の2022年、デリバリーステーション（DS）を18カ所増設しました。2023年7月にも11カ所の新設を公表し、2023年末にDSは50カ所になりました。

アマゾンでは、とにかく顧客のもとに早く届けることを自らの使命としています。10年以上前のことになりますが、米国アマゾンの本社を訪れた際、「Fast Deliveryか、「Time Slot（受け取り時間の指定）か、どちらが有効か」と聞かれました。受け取りたい時間に受け取るほうが便利だと考え、私は「Time Slotだ」と答えました。

彼らは、言うまでもなく「Fast Delivery」だったわけですが、いまもその考えをずっと追求しているところが、アマゾンの強さであり、凄さであるのだと思います。

終章　実践「物流の4C分析」

企業によって、最適な物流戦略は異なる

読み応えがあったのではないでしょうか？　おつかれさまでした。

ヨドバシカメラ、ファーストリテイリング、コープさっぽろ、セコマ、アスクル、アマゾン、それぞれの物流戦略は、どれも違っていましたよね。

そうなのです。それぞれの会社で、市場やポジショニング、そして成り立ちや考え方の違いから、違う物流戦略を取って、戦っているのです。

セコマは、北海道という広大な土地で生まれ育ち、酒販店支援が原点だったということなどから、積載率80％以上という驚愕の物流効率を果たしています。

アスクルは、創業者の岩田氏の前職での学びが原点となり、物流への強い思いを持つ会社となりました。

あなたの会社は、どうでしょうか？

市場やポジショニングに鑑《かんが》みて、いまの物流は、間違っていることはないでしょうが、少しブレていると感じることはないでしょうか。

まずは序章で書いた物流戦略の４Ｃを、あなた自身がやってみてください。

御社の物流戦略を考えてみよう

みなさんで、ワークしやすくなるように、今回は、本書で書いたユニクロとシーインの例を出したいと思います。

最初に、このような例を説明した上で、ワークをすると、進めやすいと思います。

ユニクロが、１９９９年に制定したブランドメッセージは、下記になります。

> ユニクロは、
> あらゆる人が良いカジュアルを着られるようにする
> 新しい日本の企業です

ユニクロは、これまで、フリース、ヒートテック、エアリズム、ウルトラライトダウンなど、柱となる商品（マスターピース）をつくってきました。

マスターピース（万人受けする服）の1つであるヒートテックは、2003年発売開始以降で、累計販売枚数はグローバルで約15億枚になっています。

また、最近では、エアリズムコットンオーバーサイズT、ブラトップ、感動ジャケット・感動パンツなど、年間販売枚数がグローバルで1000万枚を超える商品も出てきています。

こういった商品を、あらゆる人に届けることが重要です。しかもあらゆる人が手にしたいと思う価格で、提供しないといけません。

それを考えながら、物流戦略の4Cを埋めて行ってください。

序章で書いた通り、まず、4つのCの左側の2つのC、Convenience（利便性、価値提供）、Constraint of time（制約時間、リードタイム）を埋めてください。

筆者の例では、Convenienceは、「良質でベーシックな服（マスターピース）を、多くの人に安価に提供する」。そして、Constraint of timeは、「欠品しないように補充できるリードタイム」と書き込みました。

最初から、すべての人が同じように書けることはありません。練習を繰り返すことで、全員が同じトーンや同じ意味で書けるようになっていきます。

次に、右の2つのC、Combination of method（手段の組み合わせ）とCost（コスト、予算）を記入します。

筆者は、Combination of methodを、こう書きました。

・船便をメインで使う
・ピーク時は航空便も一部使う
・各店舗群に、在庫型センターを設置

それぞれ説明すると、

・船便をメインで使う→安価に抑えるために、輸送単価の高い航空便を使わず、他のアパレル同様、船便を使うこと。
・ピーク時は航空便も一部使う→過剰な輸送コスト（結局売れなかった商品は輸送費がムダになる）をかけず、かつ欠品を抑えるために、本当に必要なときだけ、航空便を使うこと。
・各店舗群に、在庫型センターを設置→店頭在庫が切れそうになったときに、即座に納品できる在庫型センターをエリア内に設置すること。

それぞれ、最初の2つのCのコンビニエンスと時間制約を実現するために、コンビネーションを積み上げています。

そして、Costについては、「コスト最優先」と書きました。ユニクロのグローバルでの競合であるザラは、コストよりもスピードが優先されます。ザラは、最新の流行ファッションを、いち早く消費者に届けるというコンビニエンスを目指していますから、スピードが最優先で、コストよりもスピード優先なのです。

そして、筆者は左図で、隣にシーインを書きました。

シーインがどんな会社かは、第3章で説明した通りです。その内容に沿って、物流戦略の4Cを書くと、左図のようになります。

この会社は、在庫のほとんどを中国国内に持っていますが、少量生産で販売されるため、早い在庫回転をしており、在庫は最小化されています。その在庫を、世界中に、EMS（国際スピード郵便）で送ります。

ぜひ、この例を説明の上、自社内でワークをやってください。いきなり完成しなく

終章1　ユニクロとシーインの物流戦略4C

Company:	ユニクロ	シーイン
1 Convenience 利便性 価値提供	良質でベーシックな服を多くの人に安価に提供する	各国で、ファッション好きな若い消費者が欲しい服を超安価に、かつ早く提供する
2 Constraint of time 制約時間 リードタイム	欠品しないように補充できるリードタイム	流行り始めた瞬間から、できるだけ早く届ける
3 Combination of method 手段の組み合わせ	・船便をメインで使う ・ピーク時は航空便も一部使う ・各店舗群に、在庫型センターを設置	・国際郵便を使う（中国発で一番安い） ・スピードを担保するため、ローカルでも在庫型センターを設置
4 Cost コスト　予算	コスト最優先	コスト最優先

ても、初回は自社の物流戦略について、ディスカッションするだけで構いません。

また、ディスカッションの成果を、メールでもＳＮＳでもよいので、筆者までお送りいただけると幸いです。雑誌や書籍などで、御社のことをご紹介させていただく機会もつくりたいと思います。

PHP
Business Shinsho

角井亮一（かくい・りょういち）
株式会社イー・ロジット　取締役会長
1968年大阪府生まれ、奈良県育ち。現在、東京都人形町を拠点に活動。上智大学経済学部経済学科を3年で単位取得修了し、渡米。ゴールデンゲート大学MBAを1年3カ月で取得（マーケティング専攻）。帰国後、船井総合研究所入社。その後不動産会社を経て、家業の光輝物流に入社。日本初のゲインシェアリングを達成したことが契機となり、2000年株式会社イー・ロジットを創業。物流全般のコンサルティング・セミナー活動などを行う。『WBS』、『めざましテレビ』、『正義のミカタ』、『日経プラス10』などのテレビやラジオにも出演。『オムニチャネル戦略』（日経文庫）、『顧客をつかむ戦略物流』（日本実業出版社）、『物流革命2024』（日経MOOK）など、日米中韓台越の6カ国で40冊を超える著書を執筆。日本物流学会理事。多摩大学大学院客員教授。NewsPicksプロピッカー。

編集協力――兵藤雄之
図版作成―― WELL PLANNING（赤石眞美）

PHPビジネス新書 469
アマゾン、ヨドバシ、アスクル……
最先端の物流戦略

2024年2月29日　第1版第1刷発行

著　者　角井亮一
発行者　永田貴之
発行所　株式会社PHP研究所
東京本部　〒135-8137　江東区豊洲5-6-52
ビジネス・教養出版部　☎03-3520-9619(編集)
普及部　☎03-3520-9630(販売)
京都本部　〒601-8411　京都市南区西九条北ノ内町11
PHP INTERFACE　https://www.php.co.jp/
装　幀　齋藤 稔(株式会社ジーラム)
組　版　有限会社メディアネット
印刷所　株式会社光邦
製本所　東京美術紙工協業組合

ISBN978-4-569-85655-1

「ＰＨＰビジネス新書」発刊にあたって

わからないことがあったら「インターネット」で何でも一発で調べられる時代。本という形でビジネスの知識を提供することに何の意味があるのか……その一つの答えとして「**血の通った実務書**」というコンセプトを提案させていただくのが本シリーズです。

経営知識やスキルといった、誰が語っても同じに思えるものでも、ビジネス界の第一線で活躍する人の語る言葉には、独特の迫力があります。そんな、「**現場を知る人が本音で語る**」知識を、ビジネスのあらゆる分野においてご提供していきたいと思っております。

本シリーズのシンボルマークは、理屈よりも実用性を重んじた古代ローマ人のイメージです。彼らが残した知識のように、本書の内容が永きにわたって皆様のビジネスのお役に立ち続けることを願っております。

二〇〇六年四月

ＰＨＰ研究所